南懷瑾

作品

我说参同契

中

南怀瑾 / 讲述

人民东方出版传媒
東方出版社

图书在版编目(CIP)数据

我说《参同契》(中册)/南怀瑾讲述.—北京:东方出版社,2009.10

ISBN 978-7-5060-3690-0

Ⅰ.①我… Ⅱ.①南… Ⅲ.①道教-气功②《周易参同契》-研究 Ⅳ.①B234.995

中国版本图书馆 CIP 数据核字(2009)第 186876 号

我说《参同契》(中册)
南怀瑾 讲述

责任编辑:孙 涵 刘俊堂
出　　版:东方出版社
发　　行:人民东方出版传媒有限公司
地　　址:北京市东城区东四十条 113 号
邮　　编:100007
印　　刷:鸿博昊天科技有限公司
版　　次:2009 年 10 月第 1 版
印　　次:2019 年 3 月第 14 次印刷
开　　本:640 毫米×960 毫米 1/16
印　　张:19.5
字　　数:200 千字
书　　号:ISBN 978-7-5060-3690-0
定　　价:32.00 元
发行电话:(010)85924663 85924644 85924641

编者的话

南怀瑾先生是近年来享誉国内外，特别是华人读者中的文化大师、国学大家。先生出身于世代书香门第，自幼饱读诗书，遍览经史子集，为其终身学业打下了扎实的基础；而其一生从军、执教、经商、游历、考察、讲学的人生经历又是不可复制的特殊经验，使得先生对国学钻研精深，体认深刻，于中华传统文化之儒、道、佛皆有造诣，更兼通诸子百家、诗词曲赋、天文历法、医学养生等等，对西方文化亦有深刻体认，在中西文化界均为人敬重，堪称“一代宗师”。书剑飘零大半生后，先生终于寻根问源回到故土，建立学堂，亲自讲解传授，为弘扬、传承和复兴民族文化精华和人文精神不遗余力，其情可感，其心可佩。

本书是南怀瑾先生上世纪八十年代讲解《参同契》的辑录，曾搁置多年。经近两年的辛苦整理，终于与读者见面。此书分上、中、下三册，是先生继《论语别裁》后用力最深、最有分量的作品之一，亦是其对承续国学传统，弘扬国学精粹所做的又一突出贡献。南师本人也很关注该书的整理和出版工作，承蒙其独家授权同意，我社在大陆首次推出，以飨广大读者。

《参同契》又名《周易参同契》，为东汉魏伯阳所著，此书不仅是道家养生学的理论源头，亦是中国古代化学、药物学、天文历算等学科的发轫之作。因此，《参同契》一书被人尊奉为“丹经之祖”，魏伯阳其人亦被后人称为“万古丹经王”。其学说汇融周易、黄老、丹火之功于一体，用《易》的阴阳变化之理，阐述炼丹、内养之道，证明人与天地、宇宙有同体、同功而异用的法则。因其涉及诸多学科知识，艰深晦涩，素以“天书”著称，历代注家甚多，但能参透此书者寥寥，有认为此书专讲人自身精、气、神的修炼，即内丹修炼；有认为此书是讲烧炼金丹以求仙药，即外丹修炼；亦有认为其与《易经》一样，无非阐述阴阳调和之道……各说各理，莫衷一是。南师在集采众长的基础上，独选取清朱云阳真人所注的《参同契阐幽》为讲解的底本，此书在《参同契》的注释史上，最为权威。

南师的讲解共八十讲，所涉及的内容极为广泛，有着独特的“南师风格”——旁征博引，举证极多，平白如话，不拘一格，有许多独到、精辟的属于个人的经验和观点。在讲解过程中，南师还充分顾及到一般读者对周易、道家、丹道的了解程度，由浅入深，并由此书延展开，对儒、释、道三家的一体共论，亦有不少精彩的讲解。对于一些已经对中国传统文化有所了解的读者来说，此书可以帮助他们进一步学习、修证；而对于一些初入门的读者来说，则可以依此领略中国古人非凡的哲学智慧和中国传统文化的博大精深。可以说，以先生学识之广博，及对各种修炼法门的深刻体验，此书当是国人了解、解读《参同契》这部“天书”的首选。

当前社会，生活节奏越来越快，工作压力越来越大，各种心理和生理的健康问题越来越为人所关注，如何养身养生、延年益寿成为一个备受关注的社会话题。因此，本书的出版，应人应时，不仅有着重要的学术价值，更对研究如何祛病延年，揭开人自身的奥秘，了解人与自然如何真正做到“天人合一”，有着非凡的意义。需要特别指出的是，书中关于服用“五金八石”的讲述，为“行内人”语，一般读者切不可轻易模仿。

我社与南怀瑾先生结缘于太湖大学堂。出于对中华优秀传统文化的共同认识和传扬中华文明的强烈社会责任感、紧迫感，承蒙南怀瑾先生的信任和厚爱，独家授权，我社陆续推出南怀瑾先生作品的简体字版，其中既包括世有公论的著述，更有令人期待的新说。对已在大陆出版过的简体字版作品，我们亦进行重新整理和修订，力求贴近原讲原述，还原作品原貌。作为一代国学宗师，南怀瑾先生“通古今之变，成一家之言”，毕生致力于民族振兴和改善社会人心。我社深感于南先生的大爱之心，谨遵学术文化“百花齐放，百家争鸣”之原则，牢记出版人的立场和使命，尽力将大师思想和著述如实呈现读者。其妙法得失，还望读者自己领会。

东方出版社

二〇〇九年五月

出版说明

这本书是南师怀瑾先生讲解《参同契》的记录，时为一九八三年在台北十方书院。

《参同契》一书，自来被认系丹经之鼻祖，是彻底转变肉体生命的修炼宝典。用现在的语言来说，就是真正的生命科学了。

作者乃东汉时期的魏伯阳真人（约公元一〇〇年—?），距今已一千八百年了。魏真人出身浙江上虞官宦望族之家，不喜仕途而爱好修道，后入神仙之列，并将修炼经验写出这本《参同契》，当时佛法尚未传入中国。

清朝初年，有道家北宗龙门派道士朱云阳，因早年由此书入门，又三山五岳遍参诸方后修炼有成，再穷十年之功，注释《参同契》，于康熙八年己酉（一六六九年）刻版印行，书名为《参同契阐幽》。此书一扫千多年来对《参同契》的错解、邪见与误导，而正视听。此次课程所采用的书本，即自由出版社所印的这本书。

唯读《参同契》犹如读天书，即如云阳真人这本阐幽，亦为三百多年前的古典文章，加以一般人对《易经》、阴阳五行等缺乏研究，欲懂《参同契》太不容易，如无真实修养者解说，实难入其堂奥。其实，连入门都不可能。

《参同契》共分三篇，上篇与中篇读之令人有重复之感。其实不然，上篇为纲要原则，中篇再作深入微细解说，以免曲解而流入旁门别庭。

南师怀瑾先生，当时选讲这门课程，旨在引导学人进入中华重要典籍的初步研讨，所讲仅上篇及中篇之重点（包括十八、二十、二十一、二十二及二十四章一段），因下篇为总结，学人应可自己研究了。

南师讲解后，有行者逐渐发现，在工夫修持过程中，道家的著作如《参同契》一书，解说具体而周详，且有对治方法。有人甚至说，仔细研读了南师的讲解，才对佛法的修持较为明了，尤其对东晋初期传来佛家修炼禅定的十六特胜法门，才有真切的体会。

另有人说，略知《参同契》，才了解什么是正统道家，什么是邪说乱道，这世界上的误传和歪曲修法太多了。

《参同契》是在佛法传入中国之前的著作，之后佛经翻译常采道家的遣辞用字。朱云阳真人由习禅而转道家，故而常以禅法解说。朱氏认为，《参同契》“向来埋藏九地，而今始升九天之上”，乃指《参同契阐幽》一书，令原著转暗为明。

也有人说，《参同契》不止是丹经道书，而是古哲学、古典文学之作，其中包含了中华民族最高深的承天接地的文化；是一颗明珠，因深奥而埋藏，经朱氏阐幽而出土，更因南师深入浅出的讲解而闪发光芒。

吾人何其有幸，生为炎黄子孙，有祖先璀璨光辉的文化留传，岂能不继续努力以发扬先祖的智慧成果！

再说这本书的出版，颇为偶然且有趣。缘香港佛教图书馆的亲证尼师，发觉南师所讲《参同契》录音带，保存不易，故而率同图书馆数位同修加以记录，再由石宏君将文字略加清顺。稿子带至庙港后，历经我等八个多月整理，将所涉及种种问题，请示南师加以厘清、修订、补充，务使尽量明白易懂，以便利读者。

《参同契》为两学期的课程，每周一次二小时，共八十讲，所讲内容涉及广泛，举证既多，更有南师亲身经历的诸多奇特的人与事。全部整理后分为上中下三册，计划三个月内出齐。

此次配合工作，除张振熔查证资料外，更有宏忍师自二〇〇六年起即搭配相助，昼夜辛劳，因缘特殊，特志之。

又，书中小标题为编者所加。

刘雨虹　记

二〇〇九年一月

目　录

中　册

第二十七讲

君臣御政章第五

打坐的好处

修道的关键重点

不受感动

天心为主的金丹

君臣御政章第五

可不慎乎！御政之首，管括微密。开舒布宝，要道魁柄，统化纲纽。爻象内动，吉凶外起。五纬错顺，应时感动。四七乖戾，誃离俯仰。文昌统录，诘责台辅。百官有司，各典所部。

原始要终，存亡之绪。或君骄佚，亢满违道。或臣邪佞，行不顺轨。弦望盈缩，乖变凶咎。执法刺讥，诘过贻主。辰极处正，优游任下。明堂布政，国无害道。

现在有些同学提一个意见，认为朱云阳祖师注解的《参同契》，非常宝贵，但是文字上有些地方还不太了解，希望能够连注解一起讲。不过我觉得时间会拖太长，我们只可以适当地提一下。开始的总题目是“御政”，“御政”就是做主的意思，也就是认识正道如何修持。要认识清楚我们修道是修什么。《参同契》本身是用中国古代的帝王政治制度来解说，所以这一篇的大标题是“御政”，这一章标题是“君臣御政章第五”。朱云阳注解，“此章以君臣御政之得失，喻金丹火候之得失也。”就是用政治的得失，来比喻修道炼丹火候的老嫩、轻重。

第一句“可不慎乎”，一般的《参同契》版本，都在这里分割内文，实际上这一句可以归到上文去，将上文的最末一句连接为“天下然后治，可不慎乎”。现在这里把它分割，就是叫我们特别注意。

打坐的好处

“御政之首，管括微密”，我们修道，在开始的时候，第一要认识什么是正道，道家丹经始终没有提出正道是什么，只有佛家提出一个东西就是“心”，心性的道理。道家只提一个比喻，像是管理天下政治，“御政之首，管括微密”，管理要包括得非常微妙幽秘——不是神秘。这八个字就是讲理论，实际上说，大家修道一定想到打坐，其实修道不一定打坐，而是管理自心。但现在我们以打坐来讲，打坐有个什么好处呢？过去有许多医生反对打坐，现在又不同了，因为在美国有很多医生研究打坐，而且把这个拿来治病，叫做“冬眠治疗”，效法动物的冬眠，很有效果。因为洋人高鼻子蓝眼睛说的，我们也跟着说对啦。

过去西医非常批评打坐，认为打坐两腿交叠，把血管压住血液不大流通，所以发麻了。说到血管压住，你看那些劳力挑担子的，两条腿上青筋一坨一坨地鼓起来，那是因为用力过度，所以血管神经曲张受伤纠结了。打坐不会坐出腿上的筋纠结，西医不了解中国医学乃至道家气脉的道理，发麻不是血液流通受阻碍的关系，是因为气血不清，浊气没有下降。气脉慢慢走通了以后，不但腿不麻，而且两腿舒服得很，舒服到发快感，因此就不愿意下座了。所谓发乐，就包括快感的意思，快感还是粗的。

打坐为什么对人体有那么多好处？先不管修道问题，只要腿一盘，手收拢来结手印，心脏的工作就减轻了。我们这个心脏是一个帮辅，随时收缩舒张，当两腿一盘两手一收，人体四肢向外消耗放射的功能就减少了，因此心脏工作可以缓慢，所以后世修道多半采用了打坐。打坐有九十多种姿势，以盘腿坐比较好，但是也要把姿势弄清楚。

现在一般道家打坐，用得特别多的只有一个叫做手诀，道家原来叫做结太极图，一阴一阳抱着。一般同善社、一贯道都用这个，这是太极图的手印，实际上也是密宗的手印。密宗的手印很多，手印的道理就是手语，是与佛菩萨、有成就的人沟通的手语，这也是个大奥秘。所以说打坐时手的姿势、身体的姿势、腿的姿势，虽然是一个模式，但严格地研究，每人都不同，这个与自己身体的气脉、禀赋有关，所以要懂这个原理。

现在只讲"御政之首，管括微密"的道理。我们打坐时，外形收拢起来就是管理，内心不向外面消耗了，这是打坐姿势身体"微密"的作用。打坐的姿势包括那么多的学问，所以是"微密"。这还是外形，至于内心"管括微密"的管理，就更难了，虽说有很多方法，道家只列出来上品道法与普通道法的一个总纲。道家的上品丹法，这个名称没有具体的东西，据说得了上品丹法，七天以内就可以成仙证果。普通的修法，如后世伍柳派讲得很清楚，要十二三年。但是谁能做到？这是伍柳派所说的大法。所以这个"管括微密"，就是根据后世所谓百日筑基，炼己——锻炼自己；外加十月怀胎，三年哺乳，九年面壁，都需要"管括微密"。

这个“管括微密”有什么要点呢？下面有，是真正“御政”开始的要点。身心收拢来到达“微密”，这个“微密”不是密宗这个“密”，这个时候印度的佛教佛法还没有来，这个“密”是我们本来文化里就有的。上古的圣人，尤其是孔子在《易经·系传》中说“退藏于密”，已经说清楚了。如果以《易经》中国文化道理来讲，不管佛家、儒家、道家，一切修身养性法门走的都是一个路子，就是“退藏于密”。密在什么地方？不是身上哪一个点、哪一个穴道，而是密到不可知处，无始无终一念不生，这个谓之密，没有处所也没有形象。所以“密”字要研究也很多，唐宋以后佛学密宗进来，真正的大密也就是这个意思，并不是什么另外一个秘密。这里讲修道的道理，所谓“管括微密”，也就是这个道理。“微”字是老庄的观念，“密”字是取用《易经》的观念，所以《参同契》把《易经》、老庄、丹道的修法合一，三样相通。

修道的关键重点

能够做到“管括微密”，修炼久了“开舒布宝，要道魁柄，统化纲纽”。这个“开舒”就是开展、舒畅，就是密宗、道家所谓气脉通了。“布宝”，不止气脉通了，我们生命的内部更显现自己生命之宝。这个生命之宝也是本有的，就是长生不死的丹药。不过平常不知道，当生命结束时，就默默无闻地跟着结束了。

“开舒布宝”的道理，我上次提过，最好的说明是孟子，他对这个养生养气之道说得清清楚楚，就是《尽心篇》里

“可欲之谓善……”这一段。孟老夫子到处提到这个修道的修养，譬如“善养吾浩然之气”，孟子以前孔子没有提过这个话。所以战国时期，我们中国修道家的人物都出笼了，也正是孟子这个时期。他工夫做得很细密，而且程序讲得最清楚。第一句话“可欲之谓善”，一般人都喜欢修道，这是好事，有时候做做工夫，做了几个月工夫不干了；想想不对，又回来搞了；过几天事情忙又耽误了，这些都是可欲阶段，是走上一个善的阶段。

真要到“开舒布宝”，是要到“有诸己”工夫上身了。过去听到老前辈讲，道要上身，这个是有效验有征候的。工夫有没有到，自己才知道，这个是正信，不是迷信。这是个科学，不是乱讲，道不是空洞的。“有诸己”，自己的确有个东西来才有些消息。到唐朝神仙吕纯阳，跟孟子相距有一千多年了，他讲的“丹田有宝休寻道，对境无心莫问禅”，就是“开舒布宝”这个境界，也就是孟子讲的“有诸己之谓信”。后面一步一步工夫越来越高了，六个秩序清清楚楚。孟老夫子这几句话，无法做别的解释，而是实际的工夫境界。

修道达到这个基本的境界是御政，等于帝王就职，他的政策对了，也就是政治领导管理的准则，我们修道也是这样。“要道魁柄”，这又是形容词，以天体来讲，魁就是北斗七星，指挥是斗柄。在我们人心来说，“魁柄”就是上一次提到过的“天心不动”，也就是这个心不动。心念不动最重要，孟子也提到不动心，这里告诉我们修道最重要的是炼心，重点在于魁柄。北斗七星这个魁柄一转动的话，统率了整个天上的星座，所以是“统化纲纽”，这个是它的纲要。

我们修道也就是心念，我们常说“天心泰然”，这是我们的纲要，天心要怎么样泰然呢？这又要引用《易经》上孔子很简单的两句话，将哲学、宗教、修道都讲完了。他讲道这个东西“寂然不动，感而遂通”。真正要做硬工夫修炼气脉，我很公平地讲，密宗不及正统道家。当然旁门左道的道家，炼气脉就不及密宗，这个里头各家各有一个层次的差别。正统的道家不炼气脉，而走上品丹法，同佛法的上品禅法是一样的。只要心君泰然，涵养久了——这个涵养就是静极静久了，气机自然“开舒布宝”，自然打通了。所以要心君泰然，寂然不动。

“爻象内动”，这又是《易经》了。为什么讲爻呢？后天用卦只有六爻，我们的老祖宗真了不起！科学进步到现在不管哪一门科学，应用方面没有到第七位的，都是讲到六位，声学、光学、电学、化学、物理等等，也是一样。佛也一样只讲到六根，动的就是六根，我们人体眼耳鼻舌身意，对色声香味触法这个外境，养成心君泰然，寂然不动。这一步是“御政”的要点，是入手的工夫，自己可以生生不已孕育新生命。这一步做不好，想气脉通，修成身外有身的神仙是做不到的。“爻象内动”就是我们听到声音看到光，或是打起坐来，看到前面亮光，引动色阴境界，自己心动了以为得道。“吉凶外起”，是好是坏关键很大，必须要自知，必须要有智慧。所以在修道来讲，你本来寂然不动，很进步，但是心里一动念，身上气脉也动了，然后就跟着气脉在转，这样就完了！

不受感动

跟着“吉凶外起”就“五纬错顺”了。“五纬”就是金木水火土，内脏心肝脾肺肾也跟着变化综错了，“错”就是综错，复杂得很。所谓“错顺”，不是对错的意思，是相错，互相插进来为之错。这个五行就插进来捣乱了，内外的境象都变了。“应时感动”，念一动气就动了，身心都变了。所以先要做到寂然不动，等于《大学》说要“知止而后有定，定而后能静”。寂然不动，无为之道很难啦！只要你一动就“应时感动”。

“应时感动”以后呢？“四七乖戾，誃离俯仰”。“四七”二十八，我们中国的天文同西方不同，把天上无数星座变成一个政治的组织体系。换一句话说，我们中国的政治哲学思想和政治体制，是根据天文来的。所以我们把满天的星斗划成三垣二十八宿，中央皇帝住的“紫微垣、太微垣、天市垣”，外面有二十八宿的诸侯之象都分类好。西洋天文也是划成二十几个星座，狮子星座、天女星座、白羊星座、宝瓶星座等等，两样观念完全不同。所以我们中国文化讲天人合一，是另有一番道理。这个中间就麻烦了，要了解中国文化，先要从天文开始，勉强说先要从司马迁的《天官书》读起，要把星座的划分搞清楚。这种天文的学问同我们人体、医药、修道、政治都相关的。我们老祖宗的天文科学本来世界第一，现在是最落后的。

讲到“爻象内动”，念头动了以后，身体的气脉变化也动了。“四七乖戾”，四七二十八宿也就动了，整个的气脉就乱了。所以有些人走旁门左道的，乃至于修采补之术，所谓“倒转河车”，是在出精的时候忍精不放，把它硬从督脉转上来。小心啊！大小便中毒不得了啊！这个时候就很危险，小说上写的走火入魔，就是“誃离俯仰”。

所以他说，我们打坐走正统的道，身上气脉动了，或者一个境界来，我们心念偶然错了，就跟着这个境界跑了。那怎么办呢？“文昌统录，诘责台辅”。这是中国政治哲学、天文哲学与人文哲学合起来，万一走错了，这个心君，这个皇帝变成昏君，我们的心迷惑了，这个时候最重要的是文昌帝君。这不是后世讲的文昌帝君，真正的文昌帝君是什么呢？就是南极星！管智慧也管长生禄位的。

北斗七星是管死的，因此你看小说就知道，诸葛亮晓得自己要死了，只好拜北斗。嘿！这个方法是道家来的，密宗也有这个方法，不是藏密，是东密，唐代开始的。其实诸葛亮那个时候有没有拜北斗，不知道，因为《三国演义》是元末明初写的。

我们小的时候都晓得，北斗七星出来要赶快拜，因为我们的生死簿掌握在他手里。南极仙翁管长生，如果他老人家肯在生死簿上勾一笔，你的名字没有了，就通知北斗那一边，你就不死了。南极仙翁也管智慧，他的画像是有道理的，智慧越好，脑就越高。脑为什么高呢？还精补脑，长生不老，所以修道到后来，脑越修越充沛。那么佛呢？头上一块红红的，这是修成功，精气神所化的！所以这些画像都有道理。

你看中国有些神仙画像，一个神仙站在海上，脚上踏一个鳖，一个法螺，一只眼睛那么看，那就是道家修法的工夫，叫做“只眼看乾坤”。打起坐来眯一只眼睛，把宇宙的光都吸到自己身上，是长寿法的另外一种修法。那很厉害，懂了这个法的话，身体的亏损可以补回来。传说道教人物刘海蟾，用三个铜钱钓海里的蟾蜍，也就是代表一种修法。这里讲到“文昌统录”，心君昏迷就要靠智慧，靠南极星君的文昌来“诘责台辅”，重新把它修回来。

“百官有司，各典所部”，他拿天文政治的道理说“御政”之道。我们入手的第一步先要正心诚意。心怎么正？意怎么诚？《参同契》只提原则没有讲方法，所以要研究禅、道、老庄、儒家，综合起来才是个完整的东西。

现在为了应年轻同学们的要求，我们把下面注解文字要点提一下。

天心为主的金丹

“此节以御政喻火候”，以御政的观念比喻火候，“戒当慎其初基也”，修道的时候，下手就要小心这个正心诚意之学。“火候之要，彻首彻尾”，从开始到最后就是四个字“防危虑险”。我们做人也要记住这四个字，现在讲忧患意识就是“防危虑险”，所以“无一刻不宜慎”，随时要谨慎。“若人君御政然”，像当皇帝管理政治一样的心理。“而尤当致谨其初基”，下手做工夫要注意开始这一步。“盖金丹大道以天心为主”，这个天心是什么？心里没有杂念，清静心谓之天心。

道家有一本经典写得非常好，将近四百个字，叫做《清静经》，你们不管学佛修道的找来念念看。《清静经》可以同佛家的《心经》媲美，但是如果讲学术，对不起，那是仿照佛家《心经》来的。《清静经》上说“人能常清静，天地悉皆归”，一个人能够常清静，天地的力量会回到你生命上来。所以一念清静有如此之重要，比佛家讲的功利一点。佛家讲了半天空啊，好像我们做生意一样，谁愿意抓空的！道家很会诱惑人，他不做蚀本的生意，“天地悉皆归”，一投资就一本万利，这还不干吗?!

注意哦，这个注解很重要，“以天心为主”，修心养性为主；“精气为用”，什么修气修脉，那不是道，只是助道品；“正犹人主之统御其臣下也，故曰御政”。所以这一篇题目叫“御政”。

“学人入室之始”，当你开始修道，道家叫“入室”，就是闭关专修。道家、禅宗闭关时房间里头没有书本的，什么都没有，也不拜佛念经也不敲木鱼，就只在那里修道打坐。如果闭关还拜佛念经读书，那就不叫闭关了。“一阳初动谓之首经”，一阳初动处，万物未生时，一念不生这一步，是修炼的第一步。“首经”是第一个道理。“譬若人君即位之初，更改正朔谓之元年上章，元年乃芽滋，即其义也，故仙翁喟然发端曰”，这个作者火龙真人魏伯阳，喟然感叹说：“可不慎乎!”

“御政之首，管括微密者，即静而内守，环匝关闭之意”，六根跟外界断了，等于禅宗达摩祖师所传的心法，内外隔开了，无论外境界如何，都不动念，就是“环匝关闭之意”。

“开舒布宝，即动而应机”，气脉发动了。“发号顺应之意”，这个时候心里知道，如同佛家《心经》说“照见五蕴皆空”。只照到它，不要动，不增不减，你要是帮助一下，那气脉就完了；也不要减少它，就是“发号顺应之意”。“魁柄即是斗杓，斗为天之喉舌，斟酌元化”，北斗七星那个斗柄，它是发号施令的。“统摄周天，若网之有纲，衣之有纽，是为要道，喻吾身天心，实为万化之纲领。”这是比喻，修道就是修能够起心动念的这个心，那是道的根本、纲要，先要把心清静下来。

“丹道作用全仗天心斡运，斗柄推迁，故曰要道魁柄。统化纲纽，天心既为万化纲纽，动而正则罔不吉，动而邪则罔不凶。”起心动念如果是正的，则“罔不吉”，就是无不吉，反之就是无不凶。因此他也引用孔子在《系辞》说的“爻象动乎内，吉凶见乎外，即其义也”。在《易经》叫做爻象，“在易为爻象”，在中国天文就是星象，“在天即为星象”。“天有三垣”，中国天文分成三垣。“紫微垣为北极之所居，最处乎内，太微垣次之，天市垣又次之”，这叫三垣。“由是金木水火土之五纬，并二十八宿之经星，环布于垣外”。

他为什么把这些引述得那么清楚呢？这有个道理了，因为我们中国的医学讲针灸、点穴、按摩，与气脉都有关系。正统的十二经脉以外，还有奇经八脉同天上的星座对应。所以点穴就是由这个学问来的。人体上的气血，子丑寅卯，每一天什么时辰，在哪个经脉哪个穴道，只要一碰这个穴道人就完了。真的，要你死就死，要你病就病，这一套学理就是根据这个来的。现在点穴失传了，古代学点穴的人先学咒语，可以把人点坏转不回来。我们在座也有人看见过，这个人无声无息在人身上那么一摸，那人就站在那里不会讲话，永远站住了。我常说中国有许多老祖宗的学问没留下来，太可惜了。

点穴的道理翻过来用就可以救人，那样治病就不要针灸，指头一摸就行了。因为人体气血流行，同这个天文完全一样，所以中医要先从天文学起。现在听到中医随便看看书就考取了，会医了，哎呀！我真不知道该怎么说，只有希望文昌帝君的智慧帮忙你们了！

第二十八讲

炼丹的初步
六根大定结丹
气脉真通与变化
修道谁做主
你懂得火候吗

炼丹的初步

天文讲起来太啰唆了，道家比喻，北斗七星在身体上来讲，前面三星是斗杓是心；还有一个比喻从上面下来的，从眼睛这里一直下来；还有一个比喻两眼是斗杓。所以道家许多书上头顶画出一个小儿，结果有人读了就拼命观想自己头顶上出来一个小儿。我说那个小儿要吃奶，要拉大便，拉在你头顶上怎么办？这不过是个比喻，不是真有形象。《性命圭旨》上画一个人在打坐，前面两把剑插在地下。听说有一派人就弄两把剑插在那里练。那也是比喻，是要把两个眼睛回转来，守到内丹田，是方法之一。这些也都是比喻，拿天文来做比喻。

“此喻人之天君妄动，则五官错谬，百脉沸驰，所谓毫发差殊不作丹者也。”这一句话“毫发差殊不作丹者也”，是道家丹经的秘诀，特别注意，很多的丹经都引用。修长生不老之道炼丹，这个丹是个代名词，这个念头差了一点，错了一点，这个丹就不成功了，就散乱了。

“天象乖变失常，不可责之众星。人君御政失宜，亦不可责之百官。有司各有主者。孰为主者，在天则文昌台辅。文昌，即紫微垣中戴筐六星，号南极统星，录人长生之籍。”南极统星就是南极仙翁，管人家寿命的，因此我们祝寿都送寿星，寿星就是南极仙翁。

“台辅，即垣中，三台四辅尊星。三台，以应三才，四辅，以应四象。”三才就是天地人，四象就是太阳、太阴、少阳、少阴四象。“各居其方，环拱北极。天之有文昌，犹人君之有六部也。天之有台辅，犹人君之有相臣也。相臣夹辅帝主，燮理阴阳，六部从而奉行之，则百官有司，不待诘责，自然各典所部矣。”

“譬若作丹之时”，现在讲到炼丹，什么叫结丹？“心君处中”，念头不动了，“以制外”，就是气住脉停了，清静了，呼吸之气也停掉了。清静再深入一点，血液的流动也宁静下来，心电图测量也都是平的了，只偶然动一下。“魁罡坐镇，斗杓斡旋，一水一火，调燮得宜”，我们打坐坐得好，身心清净，身体健康，从头脑中心下来，有口水自然而来，甜而带有清香的味道。咽这个津液，可以长生，也可以祛病。尤其妇女专修这个法门，口水越多，越漂亮，脸上发光了，这叫“玉液还丹”。吃这个“玉液还丹”要把舌头立起来，这么一送，一气到丹田，停在那里，会散布全身，不能够像吃东西那么咽。“金液还丹”更深了，道理又不同。

六根大定结丹

“调燮得宜，自然六根大定，百脉冲和”，这是佛家的话，这就是初步结丹。参禅到达六根大定，眼耳鼻舌身意，色声香味触都不动了，“百脉冲和”，冲不是动，是百脉和平了，所以“而无奔蹶放驰之失矣”。到达这个程度也只是初步结丹就是练基之功，道家叫“百日筑基”。所以修道不容易啊！佛家的四禅八定，想达到“六根大定，百脉冲和”的境界也不容易啊！“六根大定”就是眼睛见而不见，但都知道，而不动；耳根一切声音也知道，所以佛家的观音法门说“动静二相了然不生”。《心经》观自在法门，由“观”而到“照”，寂然不动，身体的气脉周流运转，完全宁静下来。所以任督二脉奇经八脉完全通了，六根大定是百脉冲和，平衡，这才初步结丹，这是“御政”。

修道的第一步，由这里开始入手筑基。做不到的话，只打打坐，那不算数啊！所以伍柳派的修法，就是拼命守住身根，身根也叫做命根。以为不漏丹、不遗精、不手淫是筑基，那还只是在有形有相上，不过是筑基的筑基的筑基，最初步最初步而已。这里给你讲得很清楚，“六根大定，百脉冲和”，那才是“御政”，才是修丹道、修神仙之道。

现在我们再回到《参同契》本文。

“原始要终，存亡之绪”，由开始到结果，一切都在于心，成功与失败都在这个关键。所以道家也算是信佛法的。这样看来，学佛的人把正统道家看成外道，也不对呀，因为都一样是菩提大道。

“或君骄佚，亢满违道”，“骄”是骄慢，“佚”是放松了，就是心君动念，自己认为工夫到家了，嗯！行啦！得道啦！这个念一起就完了。所以自古真正的仙佛，依我看来只有修谦和、谦虚，不会说自己得道了。“亢满违道”就是《易经》乾卦“亢龙有悔”，太高反而不好。这一篇是讲火候，要注意啊！纵然你得到“六根大定，百脉冲和”，这个时候中间变化还是很大！哪个时候该动，哪个时候该静，自古仙佛都没有办法传你，就看你的智慧了。所以我说释迦牟尼佛只传了四个字，“知时知量”。就算是达到了“六根大定，百脉冲和”，依佛家的菩萨戒，耽着在禅定这个境界也是犯戒的，其理由也在此。所以千千万万人修道，哪一个成功？太难了！就是要靠智慧之学。

“或君骄佚，亢满违道”是百脉冲和得太过，那也是阳极就阴生了。所以这个中间的应用之妙，在佛学叫做对治法门，要懂得许多许多，什么都要懂。我们看中国的神仙传，每个神仙都是上知天文，下通地理、医药、武功，没有哪样不会。学那么多干什么？就为了一个目的，修道！这些都变成调配的药，等于厨房里酱油呀、辣椒呀，缺一样不可。

气脉真通与变化

“或臣邪佞，行不顺轨”，这个形容是比喻气脉，你想心君定，心想宁静，可是办不到。我常叫大家问一问自己，你为什么想下座？是身体坐不住？还是心坐不住？大家就茫然了。其实是心不想坐的居多。身不想坐就是气脉不对，就是“臣邪佞”。这个“臣”是气脉，身体“佞”是坐不住了，定不住了。“行不顺轨”是气脉不入轨道，气脉不顺了。大家修道做工夫，有时觉得背上或前面在转动，认为是河车转动。有些人很有意思，来说，老师啊！我是任督二脉打通了的！实际上一听人这么说，我就知道他没有通。真正任督二脉打通了不是这个样子，哪有这里动那里动！这是不是气脉动呢？是！是不是通了？我叫它“凡气通”，只是普通感受的境界罢了。如果气脉真通时，就没有气脉的感觉了，也没有身体的感觉了，那就是天人合一，那才真正叫气脉通，也就是“百脉冲和”的境界。

所以这里告诉你“弦望盈缩，乖变凶咎”。“弦望盈缩”我们讲过的，上半月的月亮谓之上弦，下半月的月亮谓之下弦。月亮有盈亏，苏东坡的词，“人有悲欢离合，月有阴晴圆缺，此事古难全”，这是一个天地间现象的境界。修道到了“六根大定，百脉冲和”，我们可以再加一句话形容，这个时候身心的境界如“朗月中天”，永远像满月一样，心君寂然清静。如果配合佛家的话，现在年轻人都喜欢禅宗，寒山禅师有一首诗可以说是在这个境界：

君心似秋月　碧潭清皎洁
无物堪比伦　教我如何说

古代有个禅师大彻大悟了，看人家都崇拜寒山这一首诗，他说，那有什么了不起，半吊子！别人听他这样说，当然不服气，那你也作首偈子看看，他就作了：

吾心似灯笼　点火内外红
有物堪比伦　来朝日出东

寒山说没有东西可以比拟，这个人说我有个东西可比，明天早上太阳从东方出来。他是比寒山讲的进了一步，但这并不是说寒山不懂，或寒山只修到这一步。

“弦望盈缩”，修道到了这个境界，“六根大定，百脉冲和”，这个根基打好了，还要注意的就是“观心”了。这个心要管理得住，管理不住，或者气脉走出了轨道，或者有时候身心配合不好，有时候变成暗的下半月，昏沉了，走入阴境界。不只昏沉，有时候到此就败道，就失败了，你又要重来第二次。所以修道屡成屡败的例子很多，“六根大定，百脉冲和”变成瞎猫撞到死老鼠了，没有用，这就是“乖变凶咎”。

因此我们修道第一步就是心君、天君的照顾，“执法刺讥，诘过贻主”，要随时反省。佛家注重观心、观照，表面不谈工夫，因为怕人着相。但是有没有这些工夫呢？绝对有！临济用“宾主”二字，参禅的方法有“四料简”，“料简”就是做菜的材料一样，有时主中主，有时主中宾，有时宾中主，有时宾中宾。这是干什么呢？因为气脉色身的转变，到了某一步工夫的时候，要完全靠智慧了。当“心君”——思想观念不做主时就让宾做主；有时候不行啊，老是让宾做主，专搞气脉去了，这时就要主做主，心念把它拉回来，空掉就要空掉。所以这个调配很难。禅宗的曹洞宗在唐末五代兴起，讲五位君臣。严格地讲，曹洞宗的曹山、洞山两位祖师，他们参禅修道的工夫，受《参同契》的影响太大了，甚至曹洞宗有时候干脆用离卦来表达。中国文化三家修道，以真工夫来讲，唐、宋以后已经汇合为一了。现在什么一贯道两贯道，三贯道五贯道，都是空话。

“辰极处正，优游任下”，这个“辰”就是北斗星，就是讲自己心君心念，正念不动，这就是佛家的观照，“照见五蕴皆空”。这个时候“优游任下”，你听任气脉的变化，可是你不跟着它乱跑。就像那个皇帝在上面，下面办些什么事都知道，都看住，跑不过他的眼，不对就不准你办，这个气脉就不能再动了。

“明堂布政，国无害道”，他拿政治哲学来说明修道的道理。换一句话说，研究中国文化政治哲学的，倒要拿道家的这些东西来说明政治哲学的法则。领导的法则如此，法治的道理也如此。下面的批注又有好东西，“此节，言火候之要存乎君主，当慎终如始也。”《参同契》这一节告诉我们，火候最难，千古神仙没有办法传你。

修道谁做主

所以道家的祖师张紫阳真人说：“山中前后尽非铅。”铅汞的道理我们以后会讲到，先说入山的道理。禅宗讲“不破本参不入山，不到重关不闭关”，没有达到一念不生处，没有资格入山，也不是随便可以闭关的。因为到了某个时候，工夫应该怎么变换，你一概不知，你去问谁呢？除非你的老师也在关中。以前，我们有位前辈的朋友在闭关，他的老师晓得这个徒弟工夫到某一步不行了，正在没有办法的时候，老师已经站在面前，告诉他怎样怎样，讲完走了。除非你有这个福气，有这样的老师，但这种老师很难找啊！

“火候之一动一静”，这个一动一静之间之难，就看到佛家观音法门的“动静二相了然不生”是一步真实工夫！不是讲理论。所以一动一静要极为谨慎。“彻始彻终，宜乎无所不慎。亦犹人君御政，一动一静，自始至终，宜无所不慎。慎则转亡为存”，谨慎的话，就是快要亡了，又可以复活。

“不慎则转存为亡。存亡之绪，从此分矣。”如不小心，则转安为危，就是在一念之间。“此一大事，君臣各有其责”，换一句话说，身体上气脉的关系，同你心念的关系互相影响，心物是一元一体，所以“君臣各有其责”。

“而主之者惟君”，做主的君就是念，在一念之间。“盖臣之听命于君，犹气之听命于志也。”这一段是用孔孟的话，孟子曰：“志者，气之帅也。”孔子曰：“三军可夺者，帅也；匹夫不可夺者，志也。”就是正心诚意这个道理，要气听命于你的意志走。说气脉动了，哎哟，我做不了主啊，哪有这些鬼话！那是你太糊涂，你不必修道了，因为你让气脉做了主。有些人一打坐，摇呀摇的打神拳，说是花五千块学的。我说你拿五块钱给我，我教你。你只要手合掌一站，念个咒子，其实咒子都不需要念，只要这样站久了，手就会动起来，你要怎么动就怎么动，叫做打神拳，其实是生理自然的现象。或者你两手伸直一站，站二十分钟不垂下来，他就动了，你不做主，跟他动，以宾为主，就打神拳了。这也要花五千块去学吗？有些人打坐，我反而要他动，因为他身体太坏了，平常不运动，让他这个时候摇摇蛮好。动了一阵，老师，怎么办？啊，可以了，不准动了！其实这个都是多余的，气是听你指挥，所谓“气之听命于志也”的道理。

“心君翼翼，能持其志，则奸声邪色自不得而干之。”所以你心正清明，就算打坐当中看到什么光，什么境界，也都不理，等于你这个皇帝很精明，不论臣下如何，上面都不动。如果你觉得看到菩萨了，那你差不多走到第二号神经去了，所以不要走错了！真修道对一切现象变化都不动。

“若心君骄亢自用，违其常道，则耳目之官，亦以邪佞应之，行事不循轨则矣。”这个高了，我们这个心念，同宇宙本体同根，庄子所谓“天地与我并生，而万物与我为一”，这个心念有如此重要。所以老庄都告诉我们，修道修到心君泰然，自然与天地精神相往来，那就是长生不老之道。若加上宗教，就是修药师佛的补法，补身体的方法，那个方法将来再讨论。

“天心之与人心，同出一原。天心稍或不顺，则天行立刻反常，不特五纬错谬，经星乖戾，已也。即如太阴之晦朔弦望，本有常度，今者当盈反缩，当缩反盈。”太阴就是月亮，月亮升起来了，这个时候的光明，令人不想睡觉。有些人修道到了这个境界，偏要吃安眠药，那又何必去修道！我常常告诉大家，佛家道家做工夫为了要除睡眠，结果却害怕自己失眠！他不知道那个境界并不是失眠。有时候精神旺得几天几夜都不要睡，有时候又想要睡，你赶紧让身体自己（臣）做主，算不定大睡两三天都不动。到了后来，身轻如叶，像一片树叶在空中飘，昼夜长明，当然不需要睡眠了。拜佛的人喜欢点一个长明灯，拼命出钱买油，或者用电点长明灯；当自己的长明灯亮了又害怕起来，偏要吃安眠药。修道本来要修到昼夜长明嘛，人真是奇怪呀！

身心像月亮一样有光明在，如果一念不对，气脉也不对了，该要亮却弄得一点亮光都没有了，所以修道要懂。有时候有些人不是在昏沉，而是在混沌境界，你不要当成昏沉去纠正他，他自己当然不知道，你也不知道。混沌跟昏沉外表差不多，但差别很大。当混沌来的时候，是不要做主的，让它混沌个够！或者是歪在那里打坐，你都不要管，那就是《易经·系辞》所讲“天地氤氲，万物化醇，男女媾精，万物化生”，那不是昏沉。所以说这个就叫做“火候”，你没有智慧，不但看不懂别人，自己到了哪一个境界都搞不清楚，你怎么修呀!?

你懂得火候吗

这个时候“薄蚀掩冒，凶咎不可胜言矣”。这一节讲火候，修道像月亮盈亏那样，该是朗月当空的时候，你当然睡不着，自己偏要弄得睡着；当你在混沌的时候，你又当成昏沉，然后拿凉水洗脸，拼命把它搞坏。所以修不成啊！这个是“凶咎不可胜言矣”。

“天有执法之星，主刺讥过失，即太微垣中，左执法右执法也。朝廷象之，故立为左右执法之臣，亦主刺讥过失。然违道之过，不在百官有司，而在台辅。并不在台辅，而在君主自身。”这就是中国政治哲学思想，政治制度是效法天象的运行轨则。如果领导错误，不是一般地方官的事，是宰相错了；也不是宰相错了，是领导人皇帝错了。等于说自己这个心念错了，心念一错则整个错了。

“此万化从心，反本穷源之论也。”道家有句话，“万化由心，天地在手。”是讲性命双修之道，命就是身上的气脉。所以，修道第一还是在自心。

“故曰，执法刺讥，诘过贻主。主心得失，只在一反复间。”一念之间就转了。“盖惟皇建极，惟民归极。心君能寂然不动，无为以守至正，百体自然从令。”所以你坐在那里，不要用工夫去求一个法，只要自己有股傻劲，禅宗的旁门有一句话："久坐必有禅。"这一句话也对。不管你有没有禅，我常说，你们要想到外国去弘扬佛法很简单，先练腿，不管有没有道，把两个腿练到坐在那里三天都不起来，嘿！人家就当你有道了。久坐自然有禅，你心中也无别的事啦！真地坐在那里，你纵然打妄想也不敢起来，要表演嘛，没有道也差不多嘛！无为之道，做到"泰然无为"，"守至正，百体自然从令"，气脉自然通了。

"有如北辰居所，而众星自然拱之。故曰，辰极处正，优游任下。心君既端拱神室，百节万神，莫不肃然。"这个"神室"，后世道家指在心窝这里，或者叫中宫，这是有形的。就是要念头沉下来一点，差不多同心窝子相平这个地方，叫神室，不是心脏，心脏是偏的啊。心君在神室，一念不生，清静，鬼神都听命，是真的！内在的鬼神听命自己内心，外面鬼神也不敢动了。只要两腿一盘，心君凝神，什么鬼呀魔呀你都不要理，都把你莫奈何，碰都不敢碰你。

"犹王者坐明堂，以朝诸侯。四海九州，莫不率服。宁复有出，而梗化害道者。故曰，明堂布政，国无害道。辰极，在天象为紫微垣，即北极所居。在人君，为深宫内寝，晏息之所也。"注意啊！这是天文上的明堂。我们看相把印堂这里叫明堂，常说明堂亮不亮等等。有些人明堂很宽，有三个指头那么宽，一定度量宽宏；那个明堂窄的，不要问，脾气又急度量又小。再加上眉毛打结的，一定犯法。有几个同学两眉之间很窄，我说你把它夹宽一点吧！我们骂人常说，你搞什么明堂呀？那个明堂就代表你心里头想些什么，大概这些话还流行的。

“明堂，在天象为天市垣，乃帝星所临”，明堂像是皇帝所住，心念定了，明堂就光明了。“在人君，为朝会之所，通道于九夷八蛮者也。心君所处，内有洞房，外有明堂。”道家有本书叫《黄庭经》，我们凡夫心脏有七个孔，七窍。外在叫明堂，心脏的中心就是洞房，所以真正定力够的时候，心脉洞房宁静了，心脏脉不跳动了。

“此章，即治道以明丹道，最为了然”，以政治道理讲修道。“丹道彻始彻终”这六个字要圈起来，“不出天心运用。故君喻天心，臣喻药物”，药就是精、气、神。“文昌台辅，喻三田四象。执法之臣，喻耳目之官。百官有司，喻周身精气。吉者，受炁吉也。”这是《易经》的话。“凶者，防炁凶也。”一动念气就散。“存喻片时得药，亡喻顷刻丧失。所贵乎御政者，必须外却群邪，内辅真主，心君端拱于辰极，万化归命于明堂，岂非还真之要道乎。”这一段就是修道的根本，下面的附注诸位回去自己看看。

我们今天先说到这里，下一次开始就是练已，筑基，讲修道如何打基础，怎么样叫“百日筑基”。

第二十九讲

炼己立基章第六

养生与修道
先管嘴再管心
找不到的东西
铅汞代表什么
先天一炁来了

炼己立基章第六

内以养己，安静虚无。原本隐明，内照形躯。闭塞其兑，筑固灵株。三光陆沉，温养子珠。视之不见，近而易求。

黄中渐通理，润泽达肌肤。初正则终修，干立未可持，一者以掩蔽，世人莫知之。

《参同契》上篇的前五章，都是讲“御政”，是解说认识正道的大原则，已经大致向诸位报告了。现在开始这章篇名是《炼己立基章第六》，就是道家平常所标榜的“百日筑基”的基础，也就是修道炼丹做工夫的基础。“御政”以后，连续这三章都是讲“养性”。道家分类法，是把性和命分开，等于儒家的《礼记》，把性和情分为两部分，实际上是一体的。“御政、养性、伏食”是合一的。

养生与修道

这一段文字非常明白，所谓养性炼己，拿佛家来讲是所谓“明心见性”，求生命的根本。像唐宋以后的参禅，参“生从哪里来，死向哪里去”等等。道家不来这一套，认为我们的性命、生死都是合一的，要先从现实着手，就是从现在这个身心转化开始。理论上非常简单，所以修道打坐，开始一句话——“内以养己”，重要在这个“养”字。中国文化有一个名称叫“养生之道”，这个“道”叫养生，也叫摄生。“摄”就是归纳，收摄，同西方文化的卫生不同。道家认为，现有的这个生命就是永恒，并不要另外求一个永恒的生命，只要把现有的生命保养住就可以了。

所有的工夫、做法、修持，就是一个“养”字，“养”字之难就在这里。本文告诉我们“内以养己”，“养己”的境界有四个字——“安静虚无”。这个谁都会，一看文字都懂！真讲“安静虚无”的实际工夫就难了，就是《大学》“知止而后有定，定而后能静，静而后能安”的求安求静的步骤，一直到达明道为止。所以严格地讲静和安，它有工夫上的层次，修养到达最高的境界——虚无，就是佛学所讲的空。讲到“养己”，现有的生命是本来生命的投影，从现有的生命上，找回本来的生命，就是“安静虚无”。

“原本隐明”，就是刚才讲的“摄生之道”，在佛学的方法叫做“都摄六根”，就是把我们眼耳鼻舌身意等隔离开，返求诸己，内省自己，这个就是“原本”，也就是不向外放射。譬如我们学打坐，眼睛闭起来，耳朵不向外听，在佛学叫“观音法门”，返观自性等等；拿《参同契》来说就是“原本隐明”，不向外放射，回到自己本来的那个安静的状态。

“内照形躯”就难了，这是道家修养工夫的境界，在我们原始的文化里头，“内照形躯”是“内视之道”；在佛学就是“观照”、“返观”，表达不同而已。“内视”并不一定是指身体以内，而是无内外中间之“内”。不过我们没有到达这个境界以前，姑且拿这个身体来做一个标准，先把外用的精神收回，转向“内照形躯”，就是这个身体。这就产生了后世道家的守丹田、转河车、修气脉、打通任督二脉等等的方法，原理就来自“内照形躯”。据我个人所了解的，各家的修法，最厉害也最有效果的是佛家的“白骨观”和“不净观”，实际上这就是“内照形躯”。当然普通观不起来，如果观起来也同道家一样，眼睛一闭静下来，身体内部气脉的位置，气血的流行，五脏六腑的情况，一目了然，都看得非常清楚。道家《黄庭经》就讲到这部分，但是，“内照形躯”不是用这个肉眼看，而是属于自性的功能。

以上这四句话，就是“炼己”工夫最重要的基本原则。从明朝以后，道家讲“百日筑基”，其实有些人不到一百天就可以建立这个基础，甚至六七天就可以达到。但有人修道一辈子都做不到，只会闭着眼睛打坐，像禅宗祖师骂人黑漆桶一团，闭着眼睛黑黑的，什么都不知道，茫茫然一片无明。不管佛家道家，或者显教密宗，随便哪一种修炼的方法做到了，“炼己”的四句话也一定做到了。尤其最重要的是“内照形躯”，假定一个人修养的工夫够，能够安静下来，一闭眼，内部的情形能看得见的话，就可以祛病延年。至少用自己的精神意志治疗自己的身体，就非常容易了。虽不能说长生不死，但是慢一点衰老，多活一段时间，是绝对可以做到的。

先管嘴再管心

下面他就这四句话的原则，再说明一些方法。“闭塞其兑，筑固灵株。三光陆沉，温养子珠”，兑上缺（☱），兑卦所代表的东西很多，在人体上兑代表口，“闭塞其兑”就是要闭嘴。不过以道家来讲，人身上的口很多，凡是开窍有洞的都是口，最大的是吃饭的这个口。人身有九窍，头部七个洞，身体下部两个洞，都是口。为什么闭嘴巴重要？修道人都知道的一句话：“开口神气散，意动火工寒。”一个人爱说话，经常用嘴巴，一定会短命。所以我上课太多，有时候一连七八个钟头都在讲话，这就是在求早死。事实上并不是因为口开了，而是精气神漏了，因为讲话时精神、意志、脑力、血液都在放射，都在消耗。一句话讲出来，生命全体的机能都要动，所以消耗得很厉害，也就是开口神气散的道理。所以修道第一要“闭塞其兑”，所有开口的地方都要封锁，不向外漏。

“意动火工寒”是讲意志凝定的境界。佛家要做到无念专一，意一动叫做散乱，意散乱就不会结丹。我常说佛家所讲的“定”，就是道家所讲的“凝神”。定是讲法则，凝是讲境象；道家这个凝结的“凝”，比佛家讲的“定”还确实一点。

“闭塞其兑”以后，就是下面四个字——“筑固灵株”。“灵”就是后世所讲的性灵，也叫做灵性，自己精神的本源。“株”是形容词。内养灵性，像培养种子一样，慢慢使它发芽长成一株植物，就是新的生命开始。“灵株”是魏真人创造的名词，“筑固灵株”则包含了元神、元气、元精的凝结。

“三光陆沉，温养子珠”是方法。在自然界三光是日、月、星；在人体上的三光是眼睛、耳朵、心。“陆沉”本来是个形容词，“陆”代表大地，有一句话“虚空粉碎，大地平沉”，就是说一个人达到安静虚无的境界，也就是真达到空的境界。怎么样是个空？道家形容得很确实，所谓空，没有一个空的境界。虚空粉碎，连虚空都没有。大地平沉，大地就包括我们这个身体四大，平沉是没有身体的感觉，这个才是真达到虚无的境界。“三光陆沉”就是六根都安静下去，这个是方法。不管佛家道家、显教密宗，大家学静坐的谁能够真做到“三光陆沉”？都是瞎吹，自己骗自己，瞎子摸象，好像是个修道的样子，坐给别人看看而已。真讲工夫，一样都没有做到。

真正做到“三光陆沉”，一念不生，这时要“温养子珠”。“温养”就是保养。我们先天生命的根本，现在不谈，因为生命的本来你还不知道。我们现在这个生命，是先天本来生命的分化，由现在的生命，自己可以养回来，见到原来的生命。在这两个过程当中，由“三光陆沉”，到达“安静虚无”，接着“温养子珠”。温养就是老母鸡抱蛋一样，要温暖保养它，不能有一点寒冷。怎么样才是温暖呢？刚才也讲过道家的名言，“意动火工寒”，这个意不能动，这就是温养。

现在世界上都流行讲中国的禅宗，现在叫禅学，多数是口头禅、野狐禅，嘴里吹的。真正的禅宗也讲实际工夫的，譬如黄龙晦堂禅师，他形容真正的参禅，“如灵猫捕鼠，四足踞地，目睛不瞬”。猫捉老鼠，那真是动都不动，像入定一样，全部精神盯住。

舒州投子大同禅师还有一种形容，“如鸡抱卵”，就像老母鸡抱蛋温养，也就是黄龙晦堂禅师形容灵猫捕鼠这个境界。规规矩矩说，我们大多数人学佛修道做工夫，都没有达到这个境界，都是在那里玩耍，自己玩弄自己。真正到达这样专一的境界，才是温养。然后自己生命里头那个功能又产生了一个新的生命。实际上并不是新的，还是原来的。不过因为我们平常不知道，没有修养，这个功能到死也出不来，所以感觉新奇，而形容它是“子珠”，由母体养出来的。事实上是母子相连的一个。这一节在逻辑上有两个特别的名称，一个是“灵株”，一个是“子珠”，实际上是一个东西，不同的名词罢了。

找不到的东西

我们大家学道，搞了半天，就是想修出来这个东西，但它永远出不来。下面八个字，“视之不见，近而易求”，一般修道的人，都在找这么一个东西。讲了一句明心见性，又去找明心，又去找见性，讲一个道就去找道。如果你去寻找它，那离道已经很远了，所以你看不见听不见。“近而易求”，道就在你那里，不是外面，不是佛菩萨给我们，也不是神仙、上帝给我们。老实讲，上帝、菩萨、神仙，还是靠我们捧出来的，我们本身每一个人都是仙佛，每一个人都能够成为天帝，只是自己把这个生命的本来忘记了，所以说“视之不见，近而易求”。

我们小时候背的《三字经》，“性相近，习相远”，这两句话是从孔子《论语》上“性相近也，习相远也”来的。哲学家研究了半天，从唯物的哲学去找，从唯心的哲学去找，从宗教上去找，想找出来人性和宇宙万有本性是什么东西，究竟在哪里？在我们中国，原来儒道不分家时的原始文化，不考虑这个，因为心物是一元的，“物”也是它变出来的，“心”也用不着在枝节上找。

那么“性”在哪里？“性相近也”，这个本性就在这里，非常近，近到在眼睛前面，因为太近就看不见了。“习相远也”，你拿后天的习性、习气来找自己的本性，越找越远。本性是本来清净安详的，可是人忘记了清净安详的本来，偏要向外去找。人的习气发展越久，距离就越远了。孔子这两句话，实际只有四个字，其他都是陪衬的，因为古文要朗诵，念出来必须要拉长声，实际上“性近习远”四个字就够了。

自性在哪里？就在你这里，不要另外去找，它很浅近的。我们一般人总是把这个道当成高远的，那是错误的。禅宗祖师经常骂人“高推圣境”，学佛修道，把圣人的境界估计得太高了；自己的修养，已经到达那个边缘，不敢承认，信心不够。自己想，哪有那么容易呀！释迦牟尼佛还修了十二年，吕纯阳也搞了一辈子呢！所以高推圣境也是毛病。实际上，道是非常平凡的东西，所以我常说世界上最高深的学问，就在最平凡的道理里头；最平凡的地方，就是最高深的地方。一般人知识越高，学问越好，越爱向不平凡处去找平凡的道。所以说“视之不见，近而易求”。

这一段朱云阳祖师的批注也非常好，希望诸位回去能够研究，不研究太可惜了。我们现在不妨帮忙大家，带着诸位看一遍。“此节，言炼己之初基也。首卷御政诸章，但敷陈乾坤坎离，造化法象”，他前面只讲宇宙生命的大法则，“到此，方直指炼己工夫”，到了这一章直接告诉你，我们怎么样修道，“示人以入手处”，告诉我们怎么样入门。“吕祖云，七返还丹在人，先须炼己待时”，他引证唐朝神仙吕纯阳祖师讲的“七返”，修道是“七返九还”。这个七返与《楞严经》的“七处征心，八还辨见”是同一道理。吕纯阳说，这个道不向外走，炼丹修道的七返九还工夫，就在我们自己。“先须炼己待时”，这个基础打好了，“待时”，还要等一段时间才成。

再引述宋朝这位张神仙，“张紫阳云，若要修成九转，先须炼己持心。炼己，即养己也。”在汉代的时候，道家学术叫“养己”，唐宋以后更现实一点变成“炼己”。什么是我的自“己”呢？“己即离中己土，为性根之所寄”，离是卦名，己土是天干，这是本性。“离中己土”在人体就是中宫，中宫我们也讲过的，等于胃的这一部分。

铅汞代表什么

“只因先天的乾性，转作后天之离，元神翻作识神，心中阴气，刻刻流转”，我们的本性，变成我们现在可以讲话的意识了。现在有个问题来了，他说父母未生以前，本来个个都是得道的圣人，有了这个生命以后，这个思想心停不了。一般讲中国文化修养的人，都晓得只要把这个妄想的思想心清净下来，就有希望了。可是为什么清净不下来？道家有一个道理，因为先天的本性，变成我们现在肉体的生命之后，先天的“元神”已经变成后天的“识神”了。佛家唯识学的八识，就是这个识神。转成识神就受后天阴气的影响，阴气是有形有现象，先天的元气是无形无现象的。先天是形而上，后天是形而下。变成后天的生命后，受心中的阴气时时流转的影响，一刻不能停留，因此我们的思想停不下来。打坐是如何使心性凝定不动。佛学称现在的思想作用叫做五阴，把阴修炼消除完了，成了纯阳之体，就是道了。

“易失而难持，不得坎中先天至阳之炁，无以制之”，这个修炼难做到，所以说“易失而难持”。那么要怎么办呢？道家有个比方，把我们思想比方成物质的汞，就是水银。水银的流动性最大，把一点水银洒在地下，一下子就都散开了。可是水银碰到铅就不动了。所以道家把铅、汞两个看得很重要，说我们的心就像水银，思想乱跑，流动性太大，你放一点铅进去，水银就不流动了。所以道家修炼“铅、汞”是个代号，你不懂这个道理，看道书，看丹经，看死了都没有用，书还是书，我们也成不了神仙。所以古人说“得诀归来好看书”，就是这个道理。

这两个代号不止代表这个，不过我现在先讲这个心念流动。我们的“坎”中有至阳之气，先要把这个气控制住，呼吸之气不动了，思想也就凝定了。所以人睡不着时，呼吸更厉害，越生气越睡不着！睡不着，气更大。当气真凝定了，不呼也不吸，思想就控制住了。禅宗祖师骂人“空腹高心”，说你元气不能归元，肚子里空空的，都在脑子里思想，这还能够得定吗？这一句话是根据老子说的“虚其心，实其腹”而来，如果头脑空灵，元气充实，思想自然就宁定了。

这里他拿两个卦来代表，离中虚（☲），就是说思想周流六虚，乱跑；坎中满（☵），坎卦是中间充实，等到我们生命中元阳之炁发动的时候，思想就不起了。如果一个念头都没有，那不是变成死人了吗？不会，那只是平常的思想没有了，先天的灵感反而超越了现在的思想，反而什么都知道，普通叫做神通，神而通之。所以要得坎中先天至阳之气才可以，他说这个气不来，“无以制之”，制伏不住这个思想、妄想。我们要注意哦！有些人打坐修道气机也发动了，肚子也鼓得很大，身体上的气也很充满了，以为这个是“先天至阳之炁”，不是的。“先天至阳之炁”是无形无相的，那又是另一种境界，不是这个呼吸之气。

先天一炁来了

换一句话说，当这个肉体上“先天至阳之炁”来了，女的不管你多大年纪，又变回十二岁以前的样子，男的变回童子之体。到这个时候，身心的感受没有了，这个肉体上不呼吸了，用灯草或一根鸡毛放在鼻孔下也不动；可是他皮肤还在呼吸，不过感觉不出来。这个时候用脑电波、心电图做检查，心电图不会起伏，完全平静了。这个时候是“先天至阳之炁”，所以无形无相。

念头自然清净之后，道家说了下面一句话，“然先天一炁，从虚无中来”，思想感受空到了极点，“先天一炁”就来了。可是这一句话又害了人，后来看道书的人，想修“先天一炁”，打坐时幻想空中一股气，咚！灌下来。所以呀，都修成神经了。明明告诉你，“先天一炁从虚无中来”，你却在虚空里头抓，已经不虚无了嘛！那是有嘛！所以用观想，观想就是有嘛，那也就不对了。

“若非致虚守静之功，安得穷原反本哉。”不证到空，不但不能明心见性，这个“先天一炁”也不会来的。“故曰，内以养己，安静虚无”，他说，我们这个人的生命，“生身受炁之初”，当母亲怀胎那一刹那，现在讲是受胎时候，变成这个生命。“本来一点灵明，人人具足”，一点灵光好比电磁波，一吸引进去就构成了胎儿。一旦进去，你怎么都跑不掉了，就被绑住了。这两股力量在旋转，精虫卵脏一结合，一点灵明一钻进去它就转动了，就是轮回的道理。你这个灵魂要跑也跑不出去了，慢慢就像豆浆一样，就把你融化在里头了。所以我们现在都融化在这个身上，你要如何把它扭转回来，自己跑出来，跳出三界外，那靠你的本事了。“只因后天用事，根寄于尘”，变成后天以后，就把这个身体生命拘束住了。

第三十讲

修道百字铭

肌肤润泽了

一是什么

如何能得一

一产生一切

刚才我为诸位念了一下这一节的注解，这一段很重要。不过不想再念下去，否则耽误时间太多了，希望诸位自己去仔细研究。如果不说修道的工夫，要讲中国文化哲学方面的根据，以及生命科学的研究，这些都是最好的资料，希望大家留意。如能用现在的观念，配合现在的科学与医学的常识，这个内容就更多了，希望青年同学们，不要轻易抛弃了这个文化的宝库。现在顺便再贡献大家一个资料，刚才提到吕纯阳，他有个《百字铭》，只有一百个字，同这一段内养、内照形躯有密切关系。今天正好讲到这里给大家作个参考，这就是讲“内以养己”，是炼己筑基最好的东西。能背得来，随便讲哪一种学问应用都有用处的。

修道百字铭

百字铭

养气忘言守，降心为不为，动静知宗主，无事更寻谁。
真常须应物，应物要不迷，不迷性自住，性住气自回。
气回丹自结，壶中配坎离，阴阳生反复，普化一声雷。
白云朝顶上，甘露洒须弥，自饮长生酒，逍遥谁得知。

坐听无弦曲，明通造化机，都来二十句，端的上天梯。

这是很正统的道家修养方法，“养气忘言守”，第一句话就很难。如何养气？不是练气哦！不是做什么密宗的九节佛风、宝瓶气。各种气功，讲练气是靠鼻子嘴巴的，据我个人统计，有两百六十多种方法。所以人类真会玩花样，就是两个鼻孔跟一个嘴巴漏气的地方，产生两百多种的花样，各家有各家的方法。可是养气不是练气，上次我们提到过养气同养心的工夫，最好是孟子在《尽心篇》上的说法。现在真讲养气，就是要“忘言守”，“忘言”并不是不讲话而已。言语是表达于外的思想，思想是没有表达出来的语言，两者是同一个东西。所以“忘言”并不只是不说话，它包括无思无虑，思想都清净了。“守”就是定的境界。

“降心为不为”，“降心”这两字，吕纯阳大师是取用《金刚经》中须菩提问佛——一切人修行如何降伏其心——也就是问妄想心怎么样宁静下来。把妄想心宁静下来就是降心，好像是用力做有为的工夫。其实这个有为就是无为，有意把妄想心宁静，反而宁静不了；如果是无心，此心自然宁静下来，所以为而不为。

“动静知宗主，无事更寻谁”，这一段吕纯阳所讲是最高的禅啦！不动心并不是道。禅宗也说“莫谓无心便是道，无心犹隔一重关”。真正修道的人，不但能出世，更要能入世，动静之中都是道。在静中不乱，在动中也不乱；静中也无事，动中也无事；出世是无事，入世也无事。日应万机，此心无事，在这个时候更寻谁？不要像禅宗参念佛是谁，不要找谁了，因为“动静知宗主”，不迷，不失根本。

“真常须应物，应物要不迷”，一个修道的人，不是跑到深山茅棚里头，躲开了一切叫清净，而是要在入世做人处事之间，保持那个真如不动、恒常不变的那个道心，能够应物处世，自己不迷失本来清净的本性。“不迷性自住，性住气自回”，自然回来的，气自然定了。“气回丹自结”，气住脉停，久而久之就定，佛家讲得定，道家讲结丹了。“壶中配坎离”，人的身体，道家比方像葫芦，密宗拿两重宝盖代表这个肉体。坎离是卦名，“配坎离”其实就是水火既济。这样定久了，身体上起变化，就会脱胎换骨。

“阴阳生反复，普化一声雷”，整个气脉自然震开了，一阳来复，地雷复卦（䷗）。雷是震卦有震动的现象，佛经常说大地有六种震动，并不一定是讲这个地球物理的地震，有时候是形容身体上六种震动，没有说八种震动，这也是六根转化。一般密宗、道家修气脉的，这个时候，气脉一下子自然都开了。所以一脉通百脉通，就是讲中脉一通，百脉自然都通了。

当时的境界，“白云朝顶上”，这是道家的形容，就是从头顶开始身心内外一片白光，是有相的光明。“甘露洒须弥”，头顶上自然有一种甘露流下来。这里头还带有道家天元丹的意思。在佛家《禅秘要法》，白骨观第十六、第十七观里头都提到过天元丹。佛也说，修持到这个境界加上虔诚的恭敬心，有成就的天人，自然会给你灌顶。连释迦牟尼佛都吩咐，到这个时候特别要注重营养，要吃好的饮食，而且避开一切人的困扰。到了这一步，要入密室，在不通风的地方，甚至到没有鸟雀声音的地方，一切声音都沉寂了。这个阶段才是道家所讲的，得到天元丹的境界。

到这个时候，“自饮长生酒，逍遥谁得知”，佛家讲是解脱了。“坐听无弦曲”，就是观音圆通的境界，没有弦哪里有音乐呢？这个音乐是天乐，庄子所谓的天籁之音，不是地籁，也不是人籁。“明通造化机”，这个宇宙生命的根源，万有的根源都知道了。“都来二十句”，最后这两句凑成二十句。“端的上天梯”，这是唐末宋代的土话，现在用白话来说，就是讲真的上天梯了。也就是说，这个人可以升华，超越这个现有的生命。

肌肤润泽了

现在继续《参同契》的正文。“黄中渐通理，润泽达肌肤。”前面讲到养气的工夫，“内照形躯”，所以我常告诉学佛的同学，好好修白骨观啊！那就是一个“内照形躯”的工夫。为什么观想不起来？因为你三光没有陆沉。“三光陆沉，温养子珠”久了以后，必然到达黄中通理。什么叫“黄中”呢？出自《易经》的坤卦六爻，坤卦代表阴，五行之中“黄”是中间的颜色。我们民族自称是中国，不是吹牛的，这个民族是黄种人，任何肤色的民族一跟黄种人结婚，三代之后一定变黄种。第一代眼睛变黑了，第二代头发变黑，第三代连皮肤也变黄了。它是个中和的东西，这叫做“黄中”。在我们人体，脾胃是“黄中”；在精神方面，就是万缘清净、一念不生的境界。到这个黄中通理的时候，在修密宗的人是中脉打通了，气养到充足了，中脉不要求通而自然通了。

"通理"的"理"不是道理，中医书上叫"腠理"，皮肤的毛细孔叫"腠理"，通理是通这个，不但里面通了，外面十万八千个毛孔都打通了，都能够与天地精神相往来，与天地通气了。

"黄中渐通理"，这个气养到最后得定了，"润泽达肌肤"，皮肤变了，整个人都变得细嫩有光彩，由里面发亮光。大致说来，肌肤外表发亮，归功于上文的养气，但还是外表的。下面告诉我们，"初正则终修"，所以修道最困难就是入手，要认识清楚，开始走的是对的正路，则"终修"，到了最后还是对的。因此我常常告诉大家，最初的就是最高的，所谓最高的就是最基本的，最基本的不对的话，什么都错了。所以学佛修道要讲道德行为，就是诸恶莫作，众善奉行。非常简单的两句老古话，个个都会讲，人人做不到。如果第一步不对，以后修了半天还是不对，你这个中心基本不打好，想求到最高深的成就是不可能的。

像你们又修道又学佛又学密宗，其实我当年也一样，反正有道我就拜。密宗也好，显教也好，我都搞了很久，最后我一道都不道，才晓得道原来还在我自己，我何必外求呢！可是不先经过那些冤枉路，死不了心。所以现在这些在家出家的同学，想要到外面学，我说赶快去！赶快去！因为我有过经验的，引用憨山大师一句话，是"以绝他日妄想"。你现在趁年轻学完了，将来年纪大放下来去做工夫，外面再怎么闹热，说死了你都不听，因为你都会都懂了。可是啊，话虽如此，以我的经验，就在外面迷糊，永远转不回来的也很多。所以"干立未可持"啊，乱七八糟地学那些枝节，心性基本修养没有搞好，光是学了一大堆工夫，最后什么都不是。

一是什么

总而言之，什么是道？老子讲过一句话："天得一以清，地得一以宁，神得一以灵，谷得一以盈，万物得一以生，侯王得一以为天下贞。"什么是一？道家有句话所谓"得其一，万事毕"。你真正得到一，一切都成功。什么是得一？其中问题还很多，禅宗后世又来一个话头："万法归一，一归何处？"

《易经》又说了一个道理，又有一堆问题，"天一生水"，这个天是指道，不是天文的"天"，是形而上的天。在中国道家看来，这个宇宙地球的形成，同希腊哲学讲的一样，是一股气流在这个空间"嗡……"转起来。不晓得什么原因转起来的，科学家不清楚。转了若干时候，直至液体出来。这个液体慢慢冻拢来，冻起来高的就是高山，低洼的就是海洋，是地质的形成。所以"天一生水，地六成之"，一加六是七，这是《易经》的数理。假使我们不加以解释，学死了也搞不清楚。"天一生水，地六成之"，实际上是一个科学的理由，讲地球物理的形成，第一个是水。这个水并不是今天所谓的"水"，而是指流动性的液体。

譬如我们修道，静定久了以后，津液来了，就像打坐坐得好，口水来了，实际上是脑下垂体荷尔蒙的分泌，我们一身都有荷尔蒙。医学上现在晓得一两百种荷尔蒙，一点点荷尔蒙注射下去，人的个性都可以变了，也可以男变女，女变男。道家所讲的“金液还丹”，是可以长生不老的，也就是脑下垂体的荷尔蒙。我们借用今天的科学讲穿了，就是这么一回事。但是我的话靠不住，现在的科学也靠不住，我只是拿现代科学所知道的范围，做一个说明而已，科学将来还会再进步的。

在脑里头大脑小脑之间，有一块间脑，医学科学家还没有答案，还在研究，那又是荷尔蒙问题了。所以“金液还丹”、“玉液还丹”是讲荷尔蒙。为什么打坐咽口水有好处呢？口水多胃病就没有了，现在医学都晓得，治疗胃病最好的是自己的口液咽下去。我们小时候，手破了流血，乡下人舌头一舔就行了。现代知识分子看到会笑的，尤其是外国留学回来的，说中国人老土啊！现在看来一点都不土。乡下人在田里割草流血了，把那个烂泥巴抓来一敷一擦，嘿！就好了。后来才晓得烂泥巴里有盘尼西林，又杀菌又消炎。

我在边疆也有过经验。有一次，我带的兵很多传染到一种性病，医官都没有办法治。有人告诉我，偏僻山里有个修道的会治。我的妈呀！看他那个样子，我还真可以当他的老师。但是据说他能够治这个病，我只好跪下叩头，还送了很大的礼。他告诉我用“曲蟺”就行了，就是蚯蚓。把蚯蚓挖来放在碗里，白糖一把放下去，然后喝那个水就好。我将信将疑，回来就叫勤务兵挖蚯蚓放在碗里，白糖一放，蚯蚓化掉了，都变成泥巴，过半钟头泥巴沉淀了，上边变清了，什么性病都治好了，原来蚯蚓里头都是盘尼西林。你说老祖宗这个科学哪里来的？你能说不科学吗？绝对科学。

有人问，端午节为什么擦雄黄？消毒呀！因为端午节湿度最高，是培养细菌的温床，艾草呀、放鞭炮呀、擦雄黄呀、喝酒吃大蒜呀，全是杀菌的。细菌是鬼嘛！古人不告诉你这个理由，他说赶鬼，这些鬼赶跑了就没有事啦。这个道理是“民可使由之，不可使知之”，你告诉他那么多理由，他仍然没完没了问你，没有时间给他讲，照着这样做就对了。

如何能得一

所以讲到“一”，“天一生水”，一是什么？“得其一，万事毕”，修道学佛讲打坐得定，定是专一，从专一开始。佛也说过“制心一处，无事不办”，你要成道很简单，能够得一，无事不办，可惜大家做不到。

“一者以掩蔽，世人莫知之”，就是一言以蔽之，只有一句话，他说，世上的人都不知道。他这句话说了等于没有说！你看看这个文字，魏真人不是开玩笑吗？就是说，你们不懂，不懂什么是一。因为一的境界是专一的工夫，如果我们要讲理论，这个一字的哲学，可以写一部专书。

现在参考朱云阳真人的批注，他的确有独到之处，非常好。他的批注说：“此节，言炼己之功，在乎得一也。”所以百日炼己筑基要得一。“《度人经》云”——这是道家的经典，“中理五炁，混合百神，可见中黄丹扃，为万化统会之地。譬若北辰居所，众星自拱。学道之士，从此温养子珠，勿忘勿助。”孟子云：“心勿忘，勿助长也。”孟子传你的口诀最重要的就是勿忘勿助。我们打坐修道，勿忘勿助就是不增不减。但是我们做工夫不是在那里增，就是在那里减，所以做不好。

这个"一"向哪里找?你不要去找!打坐两腿一盘,这个时候很定就是一。到后来,你只要加一点点,手也摆好腿也盘好,心想这个时候我要打坐了,完了!已经是二了,不是一了,接着就三、四、五、六、七、八、九、十都来了。所以大家要静,什么时候是静呢?你不需要求静,只像是想要休息一下。休息还不简单吗!说休息就休息,如果说,格老子我要休息啊!那已经不休息了,已经多此一举了,就不能得一。

"久之神明自生,渐渐四通八达,身中九窍百脉,三百六十骨节,八万四千毛孔,一齐穿透,自然光润和泽,感而毕通。即易所云,美在其中,而畅于四肢也。故曰,黄中渐通理,润泽达肌肤。丹道有初有终,有本有末。初者炼己,下手之功。终者入室,了手之事。"最后要闭关"入室",到了房间密不通风,内外隔绝。所以道家真到了闭关,就是要"了手"了,在要成功之前,只差最后一点,必须要隔离人事跳出去。

"初如木之有干,本也。终如木之有标,末也。然须知最初下手一步,便是末后了手一步。"一点没有错,最初的就是最后的。所谓"但得本莫愁末",这句是禅宗永嘉大师说的。"初基一步,便踏着正路,从此循序渐进,修持之功,自然节节相应。原始可以要终,即本可以该末矣。故曰,初正则终修,干立末可持。然则孰为初?孰为本?要在一者而已。"什么是一?"未生以前,惟得一则成人",就是一念动了,来结胎了,结了胎有生命了,"有生以后,能抱一即成丹”。

道家这个哲学，据我的知识范围，全世界人类的学问，只有中国讲这个。这一句话我可以绝对肯定地讲，其他国家没有这个文化。道家认为自己这个生命里头，可以再产生一个生命，人自己本身可以生出一个东西，因为人本来是有这个功能的。

一产生一切

人自己的精神如何另外产生一个生命？这个道理我们再参考一个数据，这很妙。佛经讲三界：欲界、色界、无色界。我们都在欲界的下层，是太阳系统下的，太阳系统以上的还有好几层，都属于欲界。欲界的生命，是靠两性结合，有性的行为才能够诞生生命，两性的结合叫精交，欲界下层是精交。欲界上层还有男女两眼相视一笑就怀孕了！有的是男人怀孕，所以呀男女平等，女性赶快到那边去！那是真平等。那么男人生孩子怎么生呢？头顶裂开生出来的，差一点从肩膀这里出来。全世界人类文化，讲天人之间，没有第二家像佛讲得那么详细。

色界没有欲，有爱！那靠什么交呢？气交。还有，无色界是神交，连两个相视一笑都没有了，自己意念一动就有化身，也不从男的生，也不从女的生。所以我叫你们研究“三界天人表”，你把佛学的生命道理研究清楚，你就懂得修道了。

道家这个原理也是这样。我们的生命很可怜，任由它衰老、死亡，真可惜。道家说，懂了方法修持，生命本身可以放下，另外产生一个新的生命，永远不死。即使再死一个，又可以生出来一个，生生不已，都做得到！这个叫做“能抱一即成丹”，就是把精、气、神凝合。

“盖一生二，二生三，三生万物。顺去生人生物者，此一也。”顺着自然是欲界的道理，像我们生人是顺着来的。“而三返二，二返一，一返虚无，逆来成圣成仙者，亦此一也。”道家告诉我们，路子倒转来走就成仙。其实佛家虽不讲，也是一样的道理。

所以道家说还精补脑，长生不老。据我的研究，人衰老，第一是头脑老化，脑下垂体不老的话，眼睛不会老，脑下垂体有如此之重要。你看那个不老的人脸上没有皱纹，他这个脑袋越来越长高了。所以南极仙翁长着像个冬瓜一样的脑袋，实际上是把皱纹向后面拉，脑袋长充实了，脑下垂体荷尔蒙足了。普通老化的人，你看那个额头就矮了，皱纹越来越多，因为头脑衰退了。很多老朋友讲，老了记忆力衰退了。我说，你们是不努力，我现在越老反而觉得记忆力越强，比年轻读书时还要强一点。为什么呢？你们不是记忆力衰退，是自己觉得老了，这种心理衰退是最可怕的事。生命是可以拉回来的，这是我们文化最宝贵的发明，希望你们每一位都长生不老！

第三十一讲

一到底是什么

谷神与本性

两窍互用章第七

两窍互用

上德与下德

一到底是什么

《参同契》上次讲到这个一，这个问题在后代的道家，是个争论的焦点。后来修道人产生的争论是守一，这是专门的术语。一般都在这个身体上守一，于是守一就变成守窍。所谓守窍普通的就是守三个丹田，这不是说守丹田就一定是对的，我只是给大家做一个介绍。一般都守上窍，就是印堂、山根这里。这是中国人看相的名称，所谓印堂是左右眉毛之间，山根还要低一点，在鼻梁上端和额头连接的地方，在道家的术语称之为上窍。下窍是在肚脐以下一寸三分。中窍是两个乳房的中间。后代的道家所谓三窍，也叫三丹田，前面都介绍过了。古人好像传一个窍，也是很严重的问题。另外还有个名词叫做“祖窍”，那又不一样了！

这些丹经所谓守一，是根据老子所讲一的道理，“得其一，万事毕”，一般守着这么一个地方，死死地打坐，认为是守窍，是守一，就是修神仙之道。有没有效果呢？有效果，但并不是什么神仙的道法。如果把注意力集中到身体某一点，久了以后，气血都向这一点集中，因此发生特别的现象。有些守窍守到神经受气血的影响，内在震动。像这些特别现象一来，配上自己心理上的观念，就认为这是气脉走通得道了，其实这都不相干的。你如果每天看那个手指头，看了三年，这个指头会变长变胖，因为精神专注的作用。

但是守上窍，血压高不能守；血压低的或贫血的人，初步学也很困难，头会发晕。守下丹田更严重，有些人越守肚子越大，不是小腹大就是胃这里特别鼓出来。女性守下丹田往往毛病更多。这三窍是有作用的，与一般中医所讲的上中下三焦有连带关系。但三焦究竟是个什么很难讲，我们外行勉强讲内行的话，应该是属于荷尔蒙所分布的腺路。

但是，“得其一，万事毕”不是守窍这个道理这么简单。一是个什么？我希望诸位看一下朱云阳真人的注解，他的注解等于吃很稳当的中药，虽然不能救命，但是不会有后遗症。他说：“太上云，得其一，万事毕。又曰，谷神不死，是谓元牝。”所谓太上就是老子，是道教对他的尊称。在老子《道德经》上有谷神、元牝的名称，过去我们研究老子的时候已经提到过谷神，谷就是山谷，是个狭长阴暗的地方，有三角形、布袋形、长方形。有一种山谷是进去之后没有出路，等于山洞一样，不过比较大而深，空气不对流，所以有回音，这样的地方不能住人。另一种山谷是两头相通的，空气对流，但是幽深。谷神是形容一个空灵的地方，越是空到极点，我们反而感觉很难受，好像其中有神，有不可知的一股力量，这是老子所讲的谷神。

元牝，现在用的这个“元”字，老子原书是“玄”。这个“玄”字研究起来也很麻烦，根据老子自己所说，是“玄之又玄”，简直是不能解释。后世的学术家又分两种解释：一种认为“玄”字代表了宇宙的形象，形而上与形而下的关系是个连环圈，彼此相连，你说它属于哪一头，都不一定。

另一种属于唯物思想的解释，这个“玄”字古代是上面点一点，挂下来一条线，连着两个圆圈。那个就代表细菌、微生物，或者人的精虫，这些东西都属于古代的“玄”字，它是个象形，像小虫一样活动的东西。

谷神与本性

“牝牡”两字是母性、公性的生物分类代名词，所以我们一看“牡”字就晓得是公的，一看“牝”就晓得是母的。宇宙间万有生命都从母性的身体而生，所以它叫“玄牝”。谷神不死，空灵的那个地方，它使用的价值永远不会死，这是老子的话。我们的重点现在不是老子，是研究丹道。

他下面说，“谷神至虚而至灵，其妙生生不已”，这是谷神，至妙至灵是个空洞的东西，空洞的东西反应很快的，佛学所谓感应道交。“感应”两个字从《易经·系传》来，“寂然不动，感而遂通”，讲这个生命的本来。谷神这个东西，生生不已，“从生生不已处，分出元牝”，是一个能够生万物的根源。

元牝与谷神名称不同，“其体则一，其用则两”，是一个东西，但作用不同。一般修道家的，专门在身体上找这个东西。身体上找就很难了，我们千万不要想在身体上找。譬如我们晓得人体的神经、气脉是左右交叉的，所以你守上窍，有时候影响下部，守下窍影响上部，这是一套医学的道理，可以说是道的术。术的意思是一种方法，不是道体。

元牝与谷神是一个东西，生生不已的，是真正的秘密，“秘在掩蔽二字”，掩就是蔽，蔽也就是掩，等于我们讲古代有个人学作诗，作了一句“关门闭户掩柴扉”，关门是关门，闭户也是关门，掩柴扉也是关门，说了半天只讲一件事，岂不是空话吗！可是他在文字上，有三种不同的玩法。我们假设这书中的话也在玩文字，“掩者，掩其玄门，蔽者，蔽其牝户”，这句话还是没有老老实实讲出来玄门在哪里，牝户在哪里。

“若非一者在中，岂能掩蔽”，就是中间这一点的作用，就把它关闭。“然非掩蔽于外，亦不成其为一”，外面关闭了，里头才能够得一。看道书真要命，每到这种重要的地方，就是一句话：“此中窍妙，非得真师指授。”要真师指点！我晓得哪个是真师呀？困难就在这里。佛学说到“善知识”，就是明师，如果“不择利智而教之”，老师对这个学生前生的根器都不知道，随便传法，这个老师是犯戒的，很严重呀，犯戒是下地狱的。依佛家的讲法，弟子对老师不选择，也是犯戒的。所以讲了半天，双方最好都不要干。老师如果得道有神通知道前生，那比较好办；我们当弟子的就很难办了，谁晓得哪一个是明师呢？这就是道家和密宗的考验，讲到最后留一手，始终不讲。其中的巧妙就是，如果没有真正的明师，“纵饶慧过颜闵，莫能强猜”，就算你的聪明智慧超过孔子最好的学生颜回、闵子骞，你也推测不出来。“况世间凡夫乎”，更何况一般凡夫，更推测不出来了。我们现在只好看书研究了，哪里去找个明师呢？

“故曰，一者以掩蔽，世人莫知之。所云黄中，是指出祖窍之中”，这里又来个祖窍。“所云一者，是指出祖窍之一。知中，则知窍。知一，则知窍中之妙。知窍中之妙，便知本来祖性，便知守中抱一，是养性第一步工夫”。知窍中的妙，你就明心见性了。正统的道家讲性命双修，不能只修一边。所以道家看学佛的人，只念佛、打坐、参禅，那是修性不修命，所以身体搞不好。几乎每一个学佛的人都面带菜色，百病丛生，都有病。因为他只修性不修命，从心性入手，命功不知道，“此是修行第一病”。你说自己修行怎么好，但是身体又那么坏，比普通人还差，这个就是不大对了。但是道家也反对只练身体，红光满面，相貌堂堂，好像百病不生，最后倒下来死的时候，一下子就走了。这个叫做只修命不修性，没有修明心见性，只锻炼身体，守窍，“万劫阴灵难入圣”，你修一万辈子，还是不能成仙成佛。因此，正统的道家主张性命要双修。

那么这里所谈的，就是说要知道本性在哪里。现在我们有个问题，本性是不是在谷神境界，玄牝不死的那个祖窍里头？他在这里露了一个消息，把这个形象给我们画出来了——“守中抱一”，在真正得定的境界，到了气住脉停，虽然不谈明心见性，这是“养性第一步工夫”。所以我们大家讲气脉打通，为什么修行要打通气脉呢？打通气脉的目的是气住，气满足了，充电一样充满了就停住了，那么脉也停了。这个后天的作用不来，自性的清明就不会现前。道家把这个讲得很高，即使如此，不过是到达“养性的第一步工夫”。一点没有错！这一点我很同意，承认他这个说法是对的。不要认为得定了，就是一念不生全体现，还不是那么简单。更何况你的思想妄念始终定不了，连“守中抱一”都还没有做到，气住脉停更谈不上。因此，不要说明心见性，连养性的第一步工夫都没有到。

两窍互用章第七

上德无为，不以察求。下德为之，其用不休。上闭则称有，下闭则称无。无者以奉上，上有神明居。此两孔穴法，金炁亦相胥。

知白守黑，神明自来。白者金精，黑者水基。水者道枢，其数名一。阴阳之始，元含黄芽。五金之主，北方河车。故铅外黑，内怀金华。被褐怀玉，外为狂夫。

金为水母，母隐子胎。水为金子，子藏母胞。真人至妙，若有若无。仿佛太渊，乍沉乍浮。退而分布，各守境隅。采之类白，造之则朱。炼为表卫，白里真居。

方圆径寸，混而相拘。先天地生，巍巍尊高。旁有垣阙，状似蓬壶。环匝关闭，四通踟蹰。守御密固，遏绝奸邪。曲阁相连，以戒不虞。可以无思，难以愁劳。神炁满室，莫之能留。守之者昌，失之者亡。动静休息，常与人俱。

两窍互用

这一章也是讲养性，我们先看朱云阳祖师的分类批注："此章，直指坎离两窍之用，为金丹关键也。"现在讲坎离两窍，坎也是耳朵，离是眼睛，打坐的时候，就是修四个字："收视返听"。那么佛家呢？"收视"，就是观自在菩萨的法门，有观有照，是收视的工夫；观世音菩萨的耳根圆通法门，则是返听的工夫，这是两条路。佛学在翻译的时候，有“观世音”、“观自在”两种名称，所代表的则是两种修行的方法。这是举个例子，说明坎离两窍。

到现在为止，还不晓得这两窍在哪里，还没有找到呢！在本章里头讲它为金丹的关键，我们修道想修成这一颗丹，吃下去长生不死，那么这个药在哪里找呢？不在外面找，因为它就在我们自己生命里头。所以中国有些道书，这个药字写成左边一个自己的“自”，右边写一个家庭的“家”，自家下面写一个“水”字，写成“⿱⿰自家水”，就是自家本身上的东西。但是你看到这个“水”字不要误会，连小便都不敢放了，那就不得了啦！

有些修道家的人一辈子不洗澡，怕洗澡漏了元气，不敢放屁，说放屁也把元气放掉了。所以忍屁不放，久而久之脸上一股黑气，大小便中毒了。修道家的千奇百怪，千万不要走这样错误的路。有许多修道的朋友一看就是这个路数，我说你肠子里的瓦斯不放掉，将来里头会结块成病的，那真是“结丹”了。那个丹是担心之“担”！结成硬块就只有动刀了。

上德与下德

第七章原文：“上德无为，不以察求。下德为之，其用不休。”上德、下德两个名称，是老子提出来的。昨天正有几位先生谈到，有一位素来不同意老子，他对老子的阴柔之道很有意见。

我说老子阴柔之道没有错，阴柔不是害人，阴柔之道最高是德，所以老子这本书称《道德经》。我说你老兄不要忘了，老子这一本书分上下两部，上经专门讲道，下经专门讲德。中国古代的文化四书五经，“道德”两个字不是连起来用的，道是道，德是德。道是讲体，德是讲用，讲行为，而且古人解释“德”字，德者得也，一件事情做出来，有很好的成果谓之得。那么上德、下德这两个名词，在老子的书上是属于下章。我们拿现在的观念讲，最上好的行为是上德，次好的行为是下德。可是在《参同契》这里不同了，上德是升华的，下德是普通做基础的。

原文又有两个名词也属于《道德经》，一个是无为，一个是为之，就是有为。前天有一位同学写日记，提到吕纯阳《百字铭》中“养气忘言守，降心为不为”，他对这一句解释不通，在日记上提出要我解答。吕纯阳“降心”两个字采自《金刚经》，有意地把这个妄念空掉，有意就是有为，有为工夫是不对的。“为不为”，实际上是为而无为，不要真有意去做，那样就落于痕迹，变成下乘道法。这不是很简单的两句话吗？那么你说我不要打坐，不要修道就成道了，不行！非“为”不可。你还是要照规矩来，所以为而不为。上德是无为之道，上品丹法什么都不求。

昨天有一位青年朋友来，是修道家的，进门我一看，就知道他肝脏有病，因此而来求道。这叫做“临老投僧，临死抱佛”，快要死的时候找和尚来念经了，修道的人也多半如此。我说你这个青年人，身体不好来修道，你有什么工夫？他说他学的无为法，我也只好笑笑，真是开口说大话，空口说白话。等于学禅学佛的讲放下，放下已经是有为法，有个可放下的已经不对了。无为法是自然的，就是这样，一切无所为。假使我进一步问你，你既然无为，何必修道？修道就是有为了，修都不要修，还有个什么道呢？道也不要道，那就是上品丹法，真正无为。

所以这个之难，上品丹法“不以察求”，不是在里头闭起眼睛打坐观察，看个光啊！守个气呀！还守个窍呀！打坐的人守窍，当你守在这里，心不晓得想到哪里去了。哪个人能够守窍守到永远不动一个念头的？如果有这样的人，虽然不神通，也要神经了。有些人说，我这里在跳，你天天看守着这里，那个气血向这里冲，搞得不好就是鼻子出血，如果作意太过，尤其是中老年人，加上血压不对的，算不定就脑充血。千万不要玩这个，最好走上品丹法，“上德无为，不以察求”，也不要守，也不要管。我上次提过道家的《清静经》，你们好好去看一看，文字很短，内容非常非常好。佛教的《心经》是讲心性之道，《清静经》里头还带着讲工夫，这个是上德。

“下德为之”，等而下之，是有为的工夫，做有为工夫“其用不休”，要以不休起用。后来佛家也采用，实际上这个是老子的东西，在有为与无为之间修道做工夫，究竟是有为法，还是无为法？形而上道是本体，是无为的；但是我们不管是学佛修道，修的都是有为法。佛法最高是空，因为我们达不到空，所以所用的方法都是不空的，是用不空方法，以求得自己最后达到了空。道家也是一样，真正的道是无为，“上德无为，不以察求”，你看不见，摸不着，找不到。但是，你想达到形而上看不见摸不着找不到的道，必须要从有为方法做起。有为到了极点，才能到达无为。明朝有位梢堂禅师，诗好道也高，他的修道经验有两句话：“千丈岩前倚杖藜”，靠着这个拐棍，“有为须极到无为”，佛道两家一切工夫，都是从有为法下手，有为到了极点时，才真正得了无为的道。

“上闭则称有”，上面一关闭就是后天了，则称有。“下闭则称无”，下面一关闭，就得到道了，空了。这两句话不晓得讲些什么，这个上下两窍，究竟是怎么样关闭？先休息一下再讲。

第三十三讲

上窍与下窍的功能
上下气平衡交换
性命与祖炁
一升一降的法门
黑白是什么

上窍与下窍的功能

我们刚才研究到“上闭则称有，下闭则称无”，先介绍有形的上下两窍。中国的道家及医学，把人的生命，从怀胎到出生归纳属于先天；一出娘胎是先天里头的后天；由婴儿到小孩阶段，女性第一个七年，男性是第一个八年，都还属于先天卦的范围。我们头顶心有个有形的上窍，这个顶门穴道，医学叫百会穴，道家称为泥洹宫，密宗称为顶轮穴，名称不同，都是有形的上窍。

在身躯的底部，肛门与前阴之间有个三角地带，叫做会阴穴，在密宗称为海底，印度的瑜珈术叫做灵蛇穴，是这个生命的灵力活动所在，这是有形的下窍。

婴儿生下来，据古人相传，这个时候顶门上窍没有封闭，他的神还与天地相通。“上闭则称有”，上面一封掉，婴儿才开始说话，那就是后天生命的开始。上窍一闭，下窍就开，就向下走了，人就慢慢长大，所谓情窦初开，男女的情欲就慢慢来了。所以“上闭则称有”是有形的。那么修道呢？上面一闭，生命向下面走，尤其这个世界的生命，都从男女两性的下体延续下去的，生生不已。所以修道的人，要修到把开了的下窍重新关闭，从海底窍开始，炼精化气，炼气化神。到了炼气化神时，上窍开了，修密宗的叫做开顶。

密宗真正开了顶的人很少，我亲眼看到过。我们当年拜一个老师，四川人，是不是神仙我不知道，不过一般人叫他神仙。他那个时候八十几了，可是心理状态很年轻，也没有什么脾气。他的顶门是开的，我们经常去摸，里面有跳动，像婴儿一样。还有一点，他八十岁的人，乳房这么一挤，可以挤出奶来，那也是真的。根据道家说法，这一类的可算地仙，走路很快。《神仙传》上讲“行疾奔马”，我们没有看过他跟马比赛，我走路还算是轻便，可是当年跟他走路，也有点吃力。这都是我亲眼所见。

后来在西藏，看了这些喇嘛，什么顶门开了插草呀！我给自己插过，也给人插过，那不算真开。气脉打通必然会开，而且开的时候会有震动的声音，所谓顶门一声雷，嘣！你们真修到那个时候会把你吓昏了，就像天上打雷，一大声震动，就震开了，是有这种现象。

所以“上闭则称有”，开始了我们后天的生命。修道是“下闭则称无”，下面关闭了，精气神不漏，不向下走了，叫做“无”。不是没有，而是空灵了，还归于空无。所以“无者以奉上”，下面的作用不再起了。在佛家也有很多的说法，起码是“马阴藏相”。伍柳派非常注重这个，“马阴藏相”没有什么稀奇，练气功的人也做得到，练童子功的人也做得到。“马阴藏相”不要乱练，过分练气功，会睾丸收缩，那不是“马阴藏相”，而是一种病态，搞不好最后还要开刀，或者摄护腺（前列腺）这些地方都会出问题。真正“马阴藏相”是个什么样子，也不要乱去猜想。

总而言之，如果讲“马阴藏相”，那是外表，实际上

"下闭则称无"，就是下面完全无漏，顶门重新开了。"上有神明居"，从顶上开始，老实讲学密宗的人，到了这个境界，才真正叫做灌顶，不是像现在铃子摇一摇，拿个瓶子装水倒一倒，就算灌顶。天主教叫洗礼，这都是同一个系统下来的。这个时候是入定的境界，岂止光明，而且霞光万道。不到那个境界不要去幻想，幻想不但没有霞光万道，反而是神经万年。换一句话说，是顶门的脉打开了，这就是气脉问题。我们说任督二脉、三脉七轮都打开了，就是到了这一步的境界，这个时候肉体上是气住脉停的现象。

道家还有一个秘诀，张紫阳真人说的："一粒金丹吞入腹，始知我命不由天。"就是道家所标榜的"万化在手，宇宙由心"。这个丹药不是用嘴巴吃，这是道家的隐语，是另一个口，哪里呢？就是上窍这里。现在我公开讲了，反正我也没有道，我也不是神仙，让你们年轻人去修吧。也许你们修成神仙，将来你能帮忙拉我一把也不错。天元丹从顶上下来这个时候，古人当它是不传之秘，我觉得没有什么，这可以明讲，一般人就算晓得也做不到。

上下气平衡交换

注意下面一句话："此两孔穴法，金炁亦相胥"，上下互用，这个是火候了，很难。你们做工夫做到头昏、头重，还谈不到这个境界。气向上行，就会有头昏的现象。你们问经常头痛怎么办，我说把脚扭一扭，是"其治者在下"的道理。因为那不是真的气上来，是虚的，你元气没有上来，头轮的气脉打不通，很胀。你去量血压并不一定高，反而是低血压，那是气上不来的原故。所以我经常笑现在的人是科学迷信，我不量血压，也不检查身体，因为我活到这个年纪，用了几十年很够本了。即使检查出来，有个不好怎么办？不好也是死，好也是死。已经晓得最后是这么一件事，所以懒得去麻烦检查。

血压跟着气候、情绪都在变化，气候湿度太高，大家这几天就感觉沉闷。注意现在是阴历五月，干支是午月，湿度高，人就容易昏沉爱睡，那是因为阴气刚刚萌芽。这个时候有些人觉得难过，我说这个时候最容易死人的，早晚气候不同，血压不同，情绪心境好就高兴，也许血压就高。有些人还买一个血压计放在旁边，进来量一量，出去量一量，活得好辛苦啊！就合了老子的话："吾所以有大患者，为吾有身，及吾无身，吾有何患。"如果能不为这个身体忙，还会有什么痛苦呢？

但是上下这个气，随时要交换的，所以我常常问，你怎么醒来怎么睡着的？这与两个气都有关系。这两个孔穴要想打通，"金炁"必须平衡，金也不是元气，西方属金，金属白色，"金炁亦相胥"就是要平衡的意思。我经常问人，你们天天讲任督二脉通了，通到哪里去了？你转河车转到什么时间为止？都答不出来！修佛家止观法门修数息的，坐在那里已经数了几十年，我说学会计都比你高明，你在那里数下去干吗呢！"一数二随"，你数了以后，觉得呼吸跟心念一配合，就不要数了，接着是随息的方法。所以一般人修道，至少在我这个不修道的人看来，是蛮可怜的，古人叫做"学道之愚"，被道骗了。其实道也没有骗你，自己被自己骗了。

性命与祖炁

这几段，朱云阳祖师批注得太好了，诸位学道家的，不要轻易跳过去。现在我们花一点时间念一念："此节，指两窍之妙用也。大道，非一不神，非两不化。"这是道家的中国文化，一定要达到专一，那个神灵境界才出来，这是讲道的体。道的用呢？"非两不化"，就是阴阳二气。"上章云，一者以掩蔽，既明示人以得一矣，然而掩蔽之妙，其体则存乎一，其用不离乎两。盖金丹妙用，只在后天坎离。"有了生命以后，"坎离妙用，不出先天乾坤"，坎离也好，乾坤也好，都是代号。他现在讲，"究竟只是性命二字"，只是两个作用而已，一个性一个命。"性者，先天一点灵光，真空之体也"，一念不生全体现谓之性。"其体，圆成周遍，不减不增。在天，为资始之乾元"，拿宇宙来讲这个自性，名称不同，引用《易经》资始的乾元就是万物靠它。"在人，便是父母未生前，本来面目"，拿人来讲，他说是乾卦之体。"故名上德，此中本无一物。灵光独耀，迥脱根尘"，这是引用百丈禅师的话。"若从意根下卜度推求，便失之万里"，本性的东西你用妄想分别心，用意识心来求，就不对了。"盖性本天然，莫容拟议"，讲它空也不对，讲它有也不对。"直是觅即不得"，你要找一个明心见性就错了。"故曰，上德无为，不以察求"，就是讲性命双修这个性。

"命者，先天一点祖炁"，"祖炁"是父母生下就带来的，所以胎儿在娘胎里也在呼吸，不是靠鼻子是靠脐带，一切都通过母亲的呼吸，也是通过脐带活着。一出娘胎，脐带剪断了以后，就开始靠鼻子呼吸了。这个脐带也是上闭下闭的道理。“先天一点祖炁妙有之用也”，这一点就是佛家讲真空妙有。“其用，枢纽三才，括囊万化。在天，为资生之坤元”，在《易经》是属于坤卦大地。“在人，便是囫地一声时，立命之根”，人出娘胎时胞衣打破，囫的一下，小孩出来，然后脐带剪断，鼻子开始呼吸，这是命根开始，“故名下德”。

“其中元炁周流”，所以密宗、道家，真讲修气并不是修呼吸之气！也不是精虫卵脏的精！就是这“先天一点祖炁”，那个生命的功能。这一点电能的充沛，“潜天潜地变现无方”，无所不在，也无所在，在身体内部你找不到。“若向一色边，沉空守寂”，色就是指身体，你如果在身体上找，守什么上窍、中窍、下窍，“便堕在毒海”，你就中毒上当了！身体任何部分都没有它。

“盖命属有作，不落顽空”，你如果只想空，以为是道，不晓得修命功，身体上的变化也不懂，那你白修一辈子！佛家道家叫这个为“顽空”，你修了没有用，跌落顽空。“一息不运即死”，这个息不是气，这个元炁一下不转动，就停摆了。“故曰，下德为之，其用不休”，源源不息，永远生生不已而来。“上闭则称有者，坤入乾而成离也”，这个坤卦代表这股气，就是命功的成就，气脉成就了，到达自己真空之性出现。“先天之乾，本是上德，只因坤中一阴，上升乾家，阳炁从外而闭之。所谓至阴肃肃，出乎天者也。乾中得此一阴，性转为命，感而遂通，遂成有为之下德矣。”所以慢慢你们坐得好了，自然会恢复胎儿那个呼吸。所谓密宗的气功，什么九节佛风、宝瓶气，都是勉强的方法。不用勉强的方法你打不通气脉。打通了以后，最后恢复到胎息，鼻子呼吸停止了，恢复到胎息，像胎儿的呼吸一样，下丹田自然呼吸啦！到这个时候，女性恢复到十几岁以前的身体，男女一样，没有差别。

一升一降的法门

“人但知离体中虚，便认做真空”，一般人只晓得打起坐来，心里头空空洞洞，认为这个是空。“不知这一点虚处，正是真空中妙有”，真的一念不生全体现，你认为是空，这个不是空，是有。“唤作无中有”，“无”里的真空中妙有。“下闭则称无者，乾入坤而成坎也”，先天本性到了后天，身体上变成后天的坎卦，坎卦属于水。“先天之坤，本是下德。只因乾中一阳，下降坤家，阴炁亦从外而闭之。所谓至阳赫赫，发乎地者也。”这个时候你是内外一片光明，“至阳”怎么叫“发乎地”呢？从“下德”修起，身心气脉打通了，气住脉停充实了。所以我常常告诉本院出家的同学们，释迦牟尼佛高明，教修白骨观，从脚趾头观起，就是这个道理。佛不给你们说穿了，要你们自己懂得。“坤中得此一阳，命转为性”，恢复到本来真空。“寂然不动，依然无为之上德矣”。

“人但知坎体中实，便认做妙有”，一般人修道只要下丹田一充实，念头都不敢动，生怕这个东西跑了。“不知这一点实处，正是妙有中真空，唤作有中无”，所以念一空了，这个气体自然充实。“坤中既受乾炁，还以此点真阳，上归于乾，是谓反本还原，归根复命”，到达这个境界修道，“自是先天神室中，产出一点鄞鄂”，鄞鄂是城墙一样，筑了一个范围。有了这个范围，外面打不进来了，里面也打不出去了。“是为万劫不坏之元神”，真空妙有修到了，你说它空吗？是有的；有吗？是空的，这个就是“丹头”。

别的道书上不是这样说的，这个灵丹一点，点铁成金，就是这个东西。这个修成了是万劫不坏的，身外有身都是这个来的。“故曰，无者以奉上，上有神明居。神明之妙固，全在中黄正位。”中黄我们以前解释过的，在有形的身体上是中宫，也可以说是青春腺的这一部分。人年纪大了，不管男女，青春腺已经死亡，所以身上的乐感就发不起来了。“中黄正位”，有形的如此；无形的“中黄正位”是归到坤体，一念不生，绝对清净。“然非坎中真金之精上升，离中真水之炁下降”，上下两炁降升而来，所谓上从天而降，下从地而升，就在中黄这个之间，“有无互入，两者交通成和，神明亦何自而生耶”，所以上下要交。

那么密宗呢？在座有几位法师学过密宗的，你们就知道，往生法跟药师佛长寿法，必定要连起来修，也就是这个道理。一个往上升，一个往下降，讲穿了就是那么一回事。所以学术上说，究竟密宗是由道家传过去，还是道家由密宗传过来呢？这是人类文化的大问题！埃及、印度、中国这三大东方文化究竟的关联在什么地方？这个问题很大了，连画符念咒，也有很多相同的，修道的方法也相同。现在懂了这个，就懂得往生法与长寿法为什么要合修。所谓不死之法还不是这个，等我哪一天高兴了，再慢慢告诉你，反正同这个有关系的。

所以《参同契》上说，“故曰，两孔穴法，金炁亦相胥”，无形的即坎离两卦，有形的我刚才也跟大家讲了。“两孔穴即坎离两用之窍妙，所谓元牝之门，世莫知者也。”这一段讲完了。

黑白是什么

现在回到魏伯阳祖师《参同契》本文，“知白守黑，神明自来。白者金精，黑者水基。”这里开始讲修道做工夫的有为法了。什么叫“知白守黑”？这也是用老子的话，我们画太极图，一半黑一半白，这是中国文化传统来的。后来佛经从印度翻译过来，也采用了黑白两个，把一切善业叫白业，恶业叫做黑业。还有佛教讲白月是讲上半月，黑月是讲下半月，这个也要知道。

白有时候是代表阳性的、干净的，黑代表纯阴的。但是你要知道，不要一定讨厌黑的！阴的力量跟阳的力量是一样的大，而且阴的需要也跟阳的一样大。太空的黑洞，什么东西一进这个黑洞就完了，里头不晓得是怎么一回事，科学家现在没有答案，正在研究。我们是随便讲的，不要信以为真。道家的原理讲，太空中当然有这些黑洞，这是“至阴之精”，它的功能几乎比太阳还要厉害，太阳能是放射的，它是吸收的。这个宇宙的功能，以道家、《易经》的道理看起来，是可以解释的，不过科学并不是这样讲。

这是讲“黑白”两个字，大家修道学佛打坐，闭着眼睛，里面黑的，全体都是纯阴境界，哪里有个至阳呢？连一个小阳都养不出来，都是五阴盖起来的。真到达得定以后，内外光明，白日境界来了。所以他这里告诉我们，根据“知白”而“守黑”，你要想到光明是从阴中来，阴极就阳生，你也不要厌恶阴，它两个一样。所以修纯阴、纯阳都能成道，就是“知白守黑，神明自来”这一句话。我们大家学佛打坐，也不要求啊！刚刚跟朋友谈，也不想成仙，也不想成佛，就是休息。祖师告诉我们：“上德无为，不以察求”，你求不来的。那么道怎么来呢？我们可以引用孟子的一句话：“学问之道无他，求其放心而已矣。”你放心了，一切放心，放下来，就会有个答案给你。魏伯阳祖师讲的，只要你得定，“神明自来”。这就是后来禅门里头的一句老话：“久坐必有禅。”其实久坐不一定有禅，但是这一句话也通啊，只要能“知白守黑”，自然“神明自来”。

“白者金精”，这是中国文化的五行之学，阴阳家的学问。白属于金，金属于西方。金并不一定指我们戴的金戒指这个金，是一个代号，代表坚固之性，等于佛家的地、水、火、风，也是个代号。坚固之性谓之金，有时候道家就用这个金字代表性。因为这个性是颠扑不破、不生不灭、不垢不净、不增不减，所以形容它是“金刚”。白是“金精”，金精也是西方之精也。

“黑者水基”，黑代表水，水属于北方。五行中的水并不是我们喝的这个水，液体有升华力量的就是水。这个我也给大家讲过的。人类的文化，都认为这个地球开始什么东西都没有，就是一个液体在转。佛学也讲到，说一个气流，转了二十劫数。拿有为的时间来计算，不晓得几百千万年，转转转，转到最后，水冻拢来，凸出的是高山，低洼的是海洋，地球就形成了，也不晓得经过几百千万年，都没有人类。

人类的来源，各有各的说法。基督教、天主教说是上帝造的，这是一种说法。佛学讲是光音天来的人种，光音天的天人都会飞，不吃东西，一身都带光。他们到这个星球上玩，看到风景美丽，又吃了东西，佛经叫“地肥”。当然不是肥料，开始吃一点点，后来每一次飞来就吃，吃久了以后这个身体重了，飞不起来，有些就流落在这里，男女成婚，也不是上了毒蛇、苹果的当，而是一阴一阳自然成婚啦！这是人种的来源。但是再进一步说，光音天的人种又是哪里来的呢？佛教还有解答，从上界下来。如果把佛学讲人种的来源，把达尔文的《进化论》，同各个宗教的说法综合拢来，就是一本大书，绝对很叫座。可惜你们年轻的人学识不够，写博士论文到处找题目，好东西也不晓得，《大藏经》中多得是。

讲宇宙的来源，中国的说法是水开始。所以《易经》的数理《河图洛书》里，“天一生水，地六成之”，也同古希腊、埃及、印度的说法一样，认为生命的功能，第一样来的是水，所谓一种冻拢来的液体。那么我们现在想到了，人的生命所依靠的精虫卵脏，也是液体，宇宙万有都是这个液体，反正一个生命有的，都是软性的。老化了，死亡了，就变成硬性的，硬性的就显示水分没有了。

所以“水者道枢，其数名一”，生命的开始，第一个来的是水。“阴阳之始，元含黄芽”，所以修道打坐注重津液、口水。老年人口干，早晨起来嘴里发苦、发干。不管年轻年老，真正修道的人口水不苦，是甜的。但是有一种口水太甜了，那是病！赶快找医生化验吧！津液之甜，有清香，乃至清凉，就是《百字铭》里头说的，“白云朝顶上，甘露洒须弥”，也就是密宗的“甘露灌顶”，讲穿了是一回事。所以你们学密的要搞清楚东方文化，我现在大概公开了十分之三啦，其实我就算全部都公开，你们也修不成。

第三十三讲

光明来自黑暗

金水与修道

转河车

成道的狂人

光明来自黑暗

我们上次读朱云阳祖师批注，他讲坎离两窍互用的方法，我们再补充一点说明。所谓“两窍互用”就是在方法上，有为无为的原理，也就是《百字铭》中所谓“养气忘言守，降心为不为”，“为”是看起来在做工夫，“不为”是不做工夫的工夫。

现在碰到的问题是，“知白守黑，神明自来”，知道那个本来白净的，在用功的时候，闭眼却是黑漆一团。虽如此，但是不要去求光明，不要另修光明法，因为黑久了以后，阴极阳生，自性光明出现，“神明自来”。所以，不是你有意去找一个光明出来，而是阴极自然就阳生了。

“白者金精，黑者水基”，这又包括好几层的意思。道家的这些名称术语，代表的意义太多了，所以我们不大容易搞得清楚。讲一个白一个黑，中间又加上五行的代表，讲一个五行，又有内脏的五行、颜色的五行、方位的五行、有形的五行、无形的五行，好多好多。究竟指哪一个，它没有一个确定的界线，完全依赖自己上下文熟读，把它贯通了才清楚。以养性方面来讲，“白”代表阳，光明清净，这个自性呈现，那是金之精。金代表方位是西方，代表坚固不破的自性，身体内部代表肺。肺是管气，这个白是气足神圆，这个时候光明清净就出现。藏密的修法与道家简直是一样的，所谓光明出现是靠气而来，无念靠神而来。“黑”代表水，水在五行里是生物之母，黑色是水基，也就是精气的关系，阴极阳生，气就发了。所以不要看到黑、阴暗，认为不对，实际上明暗是两个现象，那个能明能暗的不在明暗上面。一般经典都注重光明，而光明是由黑暗而生，阴极了才生阳。

所以说，“水者道枢”，修道基本道理。“其数名一”，这个数，是根据《易经》“天一生水”来的。“阴阳之始”，所以一阴一阳、一白一黑之间，是先有水，阴极才能够阳生。“元含黄芽”，黄芽出在西北，是沙石上面的植物，无根的，自己会生出来。所以道家拿黄芽来代表道的养成，要静极了阳生，自己就会出现，像黄芽一样。这都是中国文化许多东西兜拢来表示的。所以这一段是讲两窍的互用，讲原理，是有为法无为法的互用。

金水与修道

“五金之主，北方河车”，这个“五金”就是五行。“五金之主”是来比喻有形的物质，在我们古代金银铜铁锡，这个五金之中，金是第一位重要的。究竟五金之主在哪里？首先我们要了解中国古代的物理科学，它与现代的自然科学是两个范围。我们古代晓得五行生克的道理，譬如我们小时候念《千字文》，有“金生丽水，玉出昆冈”。《千字文》据说是梁武帝时代周兴嗣作的，因为犯错，梁武帝罚他在一夜之间，写一千个不同字的文章，结果他一夜完成了。天亮交卷，满头头发都白了，不只担心害怕，那真是用尽了脑筋。

这一千个字，都不相同，甚至有时候都对起来的。如果这一千个字用熟了，写文章很好。

现在我常想，我们的国文老师，甚至大学国文教授，能把千字文批注，好好发扬出来，已经学问了不起了。譬如说到“金生丽水，玉出昆冈”这两句，昆冈指昆仑山脉出玉的地方，江苏也有个昆冈，所以其他有矿石的地方都可能有玉。黄金生于丽水，“丽”者，就是有白水漂亮之地。这是我们古代地质学了，凡是出金矿的地方雨量特别多，水也多，所以古人讲得很简单，“金生丽水”。在我们中国，产金的地方在西部，所以五行中金属西方，这也就是中国人的自然科学物理。

西藏西康产金，我们到了金沙江一带，看到河边很多老百姓整天都在水里头，摇啊摇地淘金，因为“金生丽水”。中国古代讲开矿，道理很简单，是哲学来的。要知道有没有金矿，先看水多不多，再看在哪个方位，然后罗盘一摆，虽然没有百发百中，也差不多了。现在地质学家也没有百发百中的，所以黄金生在水多的地方，是中国古老的科技学说。

“五金之主”，讲的还是水基，修道同这句话有什么关系呢？先从打坐讲起，不管是佛家道家、密宗显教，都是以静为主，静极了，阴极则阳生。所以打坐久了以后，工夫到了，口水也来了，精气也发动了。为什么呢？“五金之主，北方河车”，北方属水。这个河车是哪里来？天河，银河。《千家诗》上有“天阶夜色凉如水，卧看牵牛织女星”。像我小的时候，家里只有我一个孩子，父母很宝贵，夏季晚上一到，在院子里先铺好竹床，然后躺在上面仰看星斗。妈妈吃了饭，洗好澡，坐在那里给我打扇子，赶蚊子。自己躺在竹床上，“卧看牵牛织女星”，看到这一条天河，由南到北，偏向西北，很清楚。西北这个地方，就是北斗七星这个地方，牛郎织女隔一条天河相望。所谓“北方河车”，北方是“天一生水”，天河之水由这个地方开始。

转河车

现在修道的人有个名称，任督二脉打通了，打起坐来在转就叫做转河车。结果有些老同学搞了几十年，后来写信给我，说是火车在转。我一看是啼笑皆非，现在时代进步了，道家也进步了，变成转火车了，将来我看要转太空车了！

河车是什么？河车是指这个天河！道家到了明末以后，尤其是伍柳派，认为沿着背脊骨上来这个督脉，连起来前面任脉转，说是转河车。现在有许多人传你一个道，打坐吸一口气，意识从下面提起来，由背上转到前面，前面再转下去，转来转去，都说自己任督二脉转通了，在那里转河车。现在明白地告诉大家，假定气脉动了，河车真的转动，奇经八脉通了，目的是求什么？道书有两句话，你要注意：“日月合璧，璇玑停轮”。什么叫“璇玑”呢？所以看道家的书麻烦，全部是中国文化。先解释“璇玑”两个字，那是天体的星辰名称。古代的天文仪器用玉来做，很贵重，叫“璇玑玉衡”。

天体跟地球永远在转，“璇玑”是天体转动，是北方的北斗七星带动银河系统在转。刚才我们提到古诗，为什么“天阶夜色凉如水”？因为是秋天，才能“卧看牵牛织女星”。

春天没有办法看，因为银河会移位的，春天银河不是南北向，是横转来的，每月都不同。我们以前读中国的古书，只学古文，其实自然科学都在其中。

譬如“璇玑停轮”，停下来不动了，就代表天体北斗七星银河似乎停摆、定住了。前面也讲过“日月合璧”是太阳刚刚东方上来，西方月亮还没有沉下去，日月两个对面，我在云南昆明看过，据说好多年才有一次。

修密宗、道家要打通气脉，最高的是“日月合璧，璇玑停轮”；气脉打通以后是充满，充满了以后身体没有感觉了，真正忘掉了身体。这与感觉上忘掉身体是两个情况：一个情况是人死了，离开身体，不再有身体的拖累；另一个是人充满到极点，就像婴儿的状态新生命开始。“璇玑停轮”，气脉通了，新的生命重新开始。“元含黄芽”，是另外再生一个生命。所以道家、密宗都可以修到身外有身，就是这个道理。这也就是“五金之主，北方河车”靠“天一生水”来的。

下面更麻烦了，所以看道家的书，代号太多，真是把人迷糊死了。道家素来的戒条是天机不可泄露，像我这样乱讲，大概就很惨了，反正随便它吧，我仍然认为，天下的公道不应该保密。而且我发现，你越公开他越不懂；该懂得的人，不管你怎么保密，他也会懂；不懂的人，你天天在他耳边叫，他还是不懂。你看报纸上多少广告，我们在座的人，哪几位每天看广告？看都不看，就是这个道理。所以我认为把天下的公道公之于众人，是替天行道。有这个福气的人，就会懂就拿走；没有这个福气，不但不懂，还会骂你。

其实秘密都是讲一个东西，现在它又用铅来做代表，铅还在五金之外，铅外面是黑黑的灰色，“故铅外黑，内怀金华”。铅要怎么样锻炼呢？要跟水银合起来锻炼，变成另外一个化学物质，很漂亮，发亮，很光。这是代表我们修道，静到了极点，外表看不出来，真正自性光明出现在身体的内部。你闭着眼睛看到内外一片光明，那不是太阳光，也不是月亮光，也不是电灯光，而是自性的光明。比那些光还强，是吉祥的，所以叫做祥光普照。这个地方，他就不跟你直接说明，而用上古的物理道理隐蔽起来，所以说“故铅外黑，内怀金华”。

成道的狂人

“被褐怀玉，外为狂夫”，得道的修行人，到了这个程度要装疯子，绝不能表示有道，外面要学济癫和尚一样。“被褐”是穿破衣服，出家的和尚们叫做穿衲袄，衲袄就是百衲衣，粪扫衣，这是佛的制度。粪扫衣是垃圾堆里的破布捡来，洗干净缝起来穿，这叫衲袄。所以拾得说：

老拙穿衲袄，淡饭腹中饱。补破好遮寒，万事随缘了。
有人骂老拙，老拙只说好。有人打老拙，老拙自睡倒。
涕唾在脸上，随他自干了。你也省力气，我也没烦恼。
这样波罗蜜，便是妙中宝。若知者消息，何愁道不了。

这个偈子在《禅门日诵》中找到了，你看他多解脱，这个道理就是“被褐怀玉”。所以现在我也老了，给人家写信懒得用名字，下面签个“老拙”。唐代禅宗永嘉大师《证道歌》也讲，“穷释子，口称贫”，出家人嘴里讲贫道贫僧，“实是身贫道不贫；贫则身常披褛褐，道则心藏无价珍”，也用这个“褐”字。诸位同学，修道也好，读书也好，不要光靠思想记，一定要背来，能背来一辈子都有用的。

魏伯阳真人的这句话——“被褐怀玉，外为狂夫”，就是深深告诫我们，修道到这个境界不要炫耀，不要好为人师。像我们没有道的，只好教书了，乱讲没有关系，只是一个老师。如果你们得了道，千万不要走这个路子，要“被褐”，这也是孟子告诫的“人之患在好为人师”。其实你们诸位叫我老师，天地良心，我几时承认诸位是我的学生？我不敢当老师，那是你们的客气，我从来没有把自己看成老师，就是这个道理。下面还有麻烦的文字，都是些代号，每一段都是讲工夫。

第三十四讲

玉液还丹怎么来

若有若无的境界

若有若无之后如何

功德圆满 脱胎换骨

脉解心开之后

我们现在还是在讲这一段“两窍互用”。再提请大家注意，道家佛家的修持，虽然讲的是无为，是最高的标榜，但是用一切方法入手，还是有为的。下面讲有为的境界同身心都有关联。

玉液还丹怎么来

“金为水母，母隐子胎。水为金子，子藏母胞。”在五行里金生水，故“金为水母”。但是金性在哪里？在水里头找到，故说“母隐子胎”。这里金代表“性”，属于自性的光明。这个清净光明之性，从哪里来的呢？自性光明之性来自精足，是身体上有形之精的精神，所以要营养以充实身体。明朝以后的道家，尤其是伍柳派以后，主张炼精化气，炼气化神。所谓神，属于金性了，是气跟神之间，要精满了它才出现。精神不饱满，自性光明出不来，所以“金为水母，母隐子胎。水为金子，子藏母胞”。相反地，如果不养性，杂念妄想很多，身体上的自性本来会“天一生水”的，现在也办不到，津液也出不来；只有养静到极点，津液自然就发生了。津液发生，上下都有，上面的津液属于水，脑下垂体下降的，就是口水。

在道家口水还分两个层次，一种是“玉液还丹”，另一种是“金液还丹”，两者层次不同。在道家的古书上叫做“玉液琼浆”，都是自己生命里头本有的。这个东西如何来呢？就是要靠自己养静到极点，接近于自性清净时，水性才会出现，所以金水的关系就是“性”跟“命”的关系。上面是脑下垂体的津液，下面就是我们人欲的根芽。当它刚刚在发动时，不加上男女之间性的欲念，才是真正的自净之水。

所以这一段是互为因果，这个是命根。这个中间有一个东西，有些道书上所说金丹长生不老之道，它的药是两样东西；有时候不讲两样，只写了一个“些”字，就是“此二”。我们当年学道的时候很妙，有些老师跟了他好几个月，磕了好多头，等到有一天他高兴了，写一个条子给你，上面只有一个“些”字。我说原来“些”就是道，至于“些”是什么道？也不敢多问。后来再跟久了，他说就是“此二”呀！那“此二”又是什么东西呢？那又要跟很久了，还不能多问。

慢慢老师高兴了，说“此二”者，“神气二者”而已。那么“神”跟“气”怎么来的呢？就是宋儒的理学家们讲，“静中养出端倪”，真正静了，慢慢心性清净，身上的津液自然起来了，是自然来的。密宗就不同，密宗是从印度瑜珈术过来的，硬做的工夫，硬逼上路。那么这两种，究竟哪一种高明呢？很难讲，正统道家好像原本比较高明，但是到后世，明清以后这个道家，可以说支离破碎，没有构成系统。密宗的红教同花教这两派修持的方法，在有为的方面，比较还能够保持系统，这是顺便介绍。

回转来讲道家的“此二”以外，还有没有“三”呢？道理是什么？“太极函三”。太极者，道之体也，太极是个圆圈，我们看看这个图，一个圆圈中间三点。中国禅宗祖师有时候拿东西出来，也出现了这个，尤其是沩仰宗，沩山仰山这一派，九十六个圆相。佛家解释的圆相不同，外面一圈，我们如果勉强用哲学的解释，是道之体也；中间这三点分别代表法、报、化三身。道家呢，中间这三点就是精、气、神——神是法身，气是报身，精是化身，千百万亿化身是这样来的。这些在佛道两家，他们认为是千古不传之秘。不过你们将来要当祖师当教主，可不要像我一样，你这一句话就可以卖钱的，我是这样乱说不在乎的。为什么我们讲到这里呢？刚才讲“金水相生”，互为因果的道理，这还属于后天的生命。

若有若无的境界

返回到先天的修持方法——“真人至妙，若有若无。仿佛太渊，乍沉乍浮。”他又提出“真人”，这个名称是庄子所提的，后世的道家道教把得道的才称真人。换一句话说，我们这些没有得道的都是“假人”。道家另有一个名称，叫我们这些假人是“行尸走肉”。从这个名称，可以看到道家文化的价值观，一个人必定要修到超凡入圣，人生的价值、目的才算完成，才成“真人”。不然我们一辈子做人是白做了，是个“假人”。所以道家对于得道的人，不称仙也不称佛，而称真人。在这里这个“真人至妙”，代表我们本性自主，能够为心物一元做主的这个东西。这个东西在哪里呢？你要怎么样明心见性呢？必须要本身修到“金水相生”的境界，也就是修到我们这个四大肉体，内外一片光明。所以“自有源头活水来”，生生不已了。

这个时候，你要了解还有个东西，是能变化的，能知道的。那个东西的代名词就是“真人”，人的生命根本。这个是道，在哪里呢？“若有若无”之间。那个时候你才了解，就是佛学讲的空。那是无吗？不对的，它的确有这个东西；你说有吗？又是无形无相。所以，“真人至妙”这个时候出现了，“仿佛太渊”，深不见底像太渊，深渊加个“太”字，不晓得有多深。这一个境界，佛学、道家有相通之处。现在我告诉你一个秘密，在《楞伽经》上出现的，叫做“钵头摩深险”，是同样的观念。

“乍沉乍浮”，好像有好像没有，这样地去形容。后世有些人修道，把这些文句不做深入的理解，当成有形的境象了，把打坐时看到自己坐在这里的情景，当做就是这个境界。告诉你们，不管你走佛家道家、密宗显教路线，修久了以后，忽然会看到自己在打坐，好像自己在外面看这个肉体似的。你说离开了身体吗？没有。如果认为这个就是得道了，嘿！差不多到二号了，是精神分裂的状况。拿修行原理来说，这是分离境界，离魂的境界。如果懂得这个道理，反而变成好事，因为晓得这个境界神魂是可以分离的。想常常修到这个境界还不容易啊！在座有好几位青年同学有过的，我说那也没有什么，这叫瞎猫撞到死老鼠，偶然一下有的。经常的话，可以修到阴神出窍，但仍非究竟。如果从此修，死后就成为鬼仙，在六道还是属于鬼道。所以现在有些扶鸾、画符的，说是济癫和尚来了，观音菩萨来了……其实来的都是鬼仙，小事准，大事保险不灵。

这个“真人至妙，若有若无。仿佛太渊，乍沉乍浮”，有些人读了这些道书，把那一种境界当成自己已经修成功了，身外有身了，这是大错而特错。这在道家叫做“左道之流”，不算旁门。不过我经常说，不要看不起人，旁门也是门，左道也是道。旁门是不走正门，走边门。边门虽然是偷偷摸摸进来，后门也好、厕所进来也好，总归进到这个房子里了。左道虽不是正道，是偏道，转了大半天，最后总会转回来的。许多同学东学西学，我都鼓励他赶快去学，左道旁门给他东转西转，把他转昏了，有一天清醒就回头了。所以这种书，读到这里很容易读错，特别提醒大家。

若有若无之后如何

正统的道家，“退而分布，各守境隅”，什么意思呢？你修道到了“金水相生”，气脉差不多都宁静下来的境界，那个自性精神出现了，不是有个人影子，而是样样灵通了。怎么样讲法呢？我们还是引用禅宗祖师的一句话，百丈禅师说，“灵光独耀，迥脱根尘”——这个境界要来时，“灵光独耀”，不靠肉体；“迥脱根尘”，不靠六根。那么同这个肉体的关系呢？“乍沉乍浮”，若有若无之间的关系。这个时候你怎么做工夫呢？进一步，“退而分布，各守境隅”，你要听其自然，四大归四大，各归本位，五脏六腑的气脉动也好，不动也好，你要搞清楚，你知道动的那个不属于气脉上面，然后气脉尽管让它转。自己呢？“各守境隅”，不管它，气脉走到哪里都好。

然后到达什么境界呢？我在《楞严大义今释》里有十几首诗，最后有两句：“一笑抛经高卧隐，龙归沧海虎归山。”各归本位，让它自然，是龙回到海里，是虎回到山林，这就是“降龙伏虎”了。道家所谓龙，有时候代表血，有时候代表那个心念、思想。我们的妄念变化无常，捉摸不住的，这是龙。虎代表气，身体健康，欲念冲动了，老虎下山要吃人了，很可怕，所以要“降龙伏虎”。到这个时候要“退而分布，各守境隅”，就是“一笑抛经高卧隐，龙归沧海虎归山”，佛学形容这个境界是“如如不动”。

所有东西方哲学研究完了，觉得佛学真高明，“如如不动”四个字，没有办法换半个字。我们学佛的看到“如如不动”，就把他看成死的不动了。不动不叫“如如”！“如”是好像不动，再加一个“如”字，好像不动其实还是在动，动而不动，不动而动，所以叫做“如如不动”，没有讲绝对不动。

这个时候进一步，“采之类白，造之则朱”。在这个境界上，气脉已经到了家，稳定、充满了，气住脉也停了。这个时候，真正的道家采药的工夫来了。谁去采呢？是我自己这个主人去采，主人者就是灵知知觉之性。这个时候，神、气、元精不能让它散了，要把它凝聚。这个凝聚的工夫，在佛学是第四禅舍念清净；在道家是有收藏的意思，有股力量把它吸收回来。佛学叫“摄”，就是把它抓回来，收摄回来，这个就是采的作用，有点内敛的作用。“类白”，慢慢地宁定下来，舍念清净，这个就是丹了，好像一点灵光。

在密宗呢？到了这个时候，是真正的明点，不是观想出来的，是自然来的。就是道书上所谓“丹头一点”来了，点铁成金，自己身心内外证到了。“造之则朱”，到这个时候要做做工夫了，十月怀胎差不多已经快要过了，到了三年哺乳的阶段，修道的人要闭关了，道家叫做“入圜办道”，完全进入关房。

道家的进入关房难了，要得“法财侣地”，“法”是要有明师指点。“财”是要道粮，你要闭关三年、十年不定，虽然可以好几天不吃饭，但是总要吃的。“侣”是招呼你的人很难，不能找普通人，这个人要懂得道，甚至他的道比你高。你在关里头到什么境界他看得出来，不该叫你的时候不叫你，不该动你的时候不动你，这才能够做道侣。“地”是地点，到了一定境界要密不通风，冷气是绝对不准许，在关房中有时候是完全像死了一样，所以修道这一条路很难走。我们这样吹吹牛的好办，真修道慢慢锻炼，“造之则朱”，朱就是红色、赤色，并不是真变红。那是说，最后锻炼成内外有光，形容它像大太阳一样。

功德圆满 脱胎换骨

“炼为表卫，白里真居”，这个时候叫做“一粒金丹吞入腹”，还不敢说“始知我命不由天”，还不一定，在这个过程中还可能败道，如果垮掉的话，会一垮到底。所以佛家讲要“福德资粮”，看你有没有这个福分，有没有这个善根。福德功德圆满的话，障碍就少，不然处处障碍。所以真正修道，佛家道家都一样，到了这一步工夫，你才看出来功德、善根、福报之重要。有善根、福报的话，是一路顺利成就。譬如释迦牟尼佛，六年雪山苦行，连五个基本弟子都离开了。他雪山下来，一个人孤零零地谁招呼他啊！七天菩提树下成道，是有福报而成就了，不需要人招呼，否则的话就是困难重重。

到这一段，“炼为表卫，白里真居”，这时肉体也脱胎换骨了，连骨头都换了。根据医学的道理，一个人每过七年一身血肉都换过了。十二年以后，连骨头也换了。十二年是一纪，修道的工程也是一样。所以道家讲“百日筑基，十月怀胎，三年乳哺，九年面壁”，一共十三年，一路都是顺风没有障碍的话，则脱胎换骨。“白里真居”，这个“白”是炼成纯阳之体，成为真人。佛教本师释迦牟尼佛十九岁出家，仍要十二三年才在菩提树下成道，这个时间是差不多的。这都是呆定的过程时间，所以讲修道的路途是很艰难的。

“方圆径寸，混而相拘”，这有两重意义。先讲第一重，它是代表身体心脏部分方寸之地，中国人形容良心，文学上常讲方寸之地。我们小时候过年，经常给乡下人写春联，“但留方寸地，传与子孙耕”，这就是中国文化的社会教育，教人做好人做好事，心不要坏了。古人有句诗，“当路莫栽荆棘树”，“当路”是在人生的大路上，少栽一些讨厌的刺人的树；“他年免挂子孙衣”，做人一辈子要心地宽厚，做人不好，后代的子孙受报受罪啊！中国文化讲三世因果，父母、自己、子孙；佛家的文化则讲个人，前生、现在、来生。两个文化合起来，就是十字架，都是讲因果报应。“混而相拘”，古人讲这个心念思想，在心里头阴阳混合，善恶都在这个里头。

至于第二重的意义，我先说一个状况：当年“抗战”在大后方重庆，太虚法师的汉藏教理院就办在重庆的北碚，在那里有个中国古老的铜盘展览，铜造的两层，里头一灌上水，手这么一摸，发出那个音乐之好听呀！还有很多古怪的东西，都是根据道家自然物理所造的。当年德国、美国各国的科学家都来摸过了，想做出来这个东西，就做不出来。那么我们古代怎么做出来的？古代的科学都是靠阴阳八卦来的，“方圆径寸”是根据这个做的。“混而相拘”，所以那个不是铜，是五金混合做的。其中不同金属各放多少就不知道了，那真妙不可言。今天，我们全世界讲化学、物理的祖师，中国道家炼丹、炼水银的应属第一位。

得了这个有形的器皿，对于修道的人外形有什么好处呢？有好处，过去我遇到有些道家，手里或者拿个玉的如意，或者拿个峨眉山上的风藤，一定做个“方圆径寸”的连环圈。我问他用的是汉代的还是唐代的尺码？笑一笑不讲，不肯传，就算磕头磕死了也不传。他这个还是小玩意儿，挂在胸口，后来别人告诉我，这个一戴上，打坐入定快得很。有一个修道的老先生，借给我试过一下，我挂在身上，就坐在他房间，好像是有些不同。不过我晓得，做一个金字塔的帽子戴在头上也有一样的效果。问题是那么小的一个东西，同自然物理、同天地的关系是如何配合的，才能把宇宙的力量吸收来？“方圆径寸，混而相拘”，这第二层道理我不懂，所以只能告诉诸位不懂，你们去找吧。这也是中国文化科学方面最好的一环，虽然我也找了几十年，好像他们比我懂得的还少，只好不谈。

现在只讲内在的心，我们过去形容这个心，同心脏有关联之处。“方圆径寸”就是心窝子这里，但不是心脏所在。我们的心脏，每一个人都是偏的，没有一个人是正的。所以人都是歪心思，因为心脏都是歪的。

脉解心开之后

“先天地生”，这是引用老子的话。庄子说，“先天地生而不为久长，于上古而不为老”，就是形容这个心，本来不死，就这么一个东西。“巍巍尊高”，形容它就像上帝的宫阙一样。“旁有垣阙”，心脏看似一块，却是八瓣兜拢来，心脉是八个支流，密宗形容它是八瓣的莲花；道家形容它有通道，据说得了道的人，心窍就打开了。所以密宗讲脉解心开，真悟了道，得了道，心脉九窍也打开了。脉解心开是实有其事，打开的时候“啪”一下，有爆炸的声音，会吓死你。如果搞错了会以为自己真得了心脏病，不懂修道就会修成魔而疯了；懂了以后无所谓魔，充其量是死。“状似蓬壶”，它的形状如蓬壶，心脏这里像个莲蓬，像个酒壶一样。“环匝关闭，四通踟蹰”，到这个时候，我们要把心守住，不要动念。讲了半天，禅宗最干脆，就是达摩祖师讲的“外息诸缘，内心无喘，心如墙壁，可以入道”。

魏真人用中国传统的文化来说明这一段，真是费力气，他要我们“守御密固，遏绝奸邪”，这个时候任何一个妄念都不准乱动。“曲阁相连，以戒不虞”，心里头绝对不能动念。“可以无思，难以愁劳”，如果一动念就走入邪道了。到这个境界，就是第四禅定舍念清净的境界，绝对的清净，然后再等待另一层次的境界出现。“神炁满室，莫之能留”，这个时候神炁满室，身心内又增进一层的神炁。等于化学锅炉一样，提炼了又提炼，所谓“九转还丹”。这个提炼出来之后，神与气的变化就不同了，顶门开了，不是密宗拿根草乱插，硬把你头皮刺破了插进去。真正的道家工夫修到了这里，“神炁满室”，顶门开了，“莫之能留”，阳神可以出窍了，留也留不住，内外通了。那时出来的是阳神，不是阴神。但是阳神出窍会乱跑，因为还没有纯熟到家。“守之者昌，失之者亡”，不能让它乱跑，这个阳神就是修到身外有身了。“动静休息，常与人俱”，要随时都在身边，这就是身外有身。

第三十五讲

明辨邪正章第八

正道 邪道

导引法 祝由科

旁门左道也不错

拜北斗与奇门

南怀瑾

明辨邪正章第八

是非历脏法，内观有所思。履罡步斗宿，六甲次日辰。阴道厌九一，浊乱弄元胞。食炁鸣肠胃，吐正吸外邪。昼夜不卧寐，晦朔未尝休。身体日疲倦，恍惚状若痴。百脉鼎沸驰，不得清澄居。累土立坛宇，朝暮敬祭祀。鬼物见形象，梦寐感慨之。心欢意喜悦，自谓必延期。遽以夭命死，腐露其形骸。

举措辄有违，悖逆失枢机。诸术甚众多，千条有万余。前却违黄老，曲折戾九都。明者省厥旨，旷然知所由。

正道 邪道

《参同契》这一章是“明辨邪正”，在道家的观念就是说，哪样是邪道，哪样才是正道。但是，我们要把握一个原则，这是东汉时代的书，应该说快到三国时代了，道家经常有一句话，“旁门八百，左道三千”，就是说有三千八百条岔路，这些都是道，究竟哪样是正道很难认得清楚的。不过《参同契》提了好几个大原则。到了魏晋时代，有一部道书《抱朴子》，作者葛洪，也是道家所谓神仙的人物。《抱朴子》所记录的这些旁门左道，比《参同契》所罗列的更多，具体地说，是神话特别多。像我们常听人讲，道家有个师父八百岁了，哪个人修道到什么程度了等等。佛家、道家每个宗教都有这一套，哪个人看到过上帝啦，哪个人碰到过圣母啦，结果事出有因，查无实据。像《抱朴子》里说到，有一个修道的人，年纪很大，人家问他多大岁数他已经不记得了，只记得孔子还是幼儿的时候，他还摸过孔子的头，说你将来可以成圣人。

宗教界的修道者都标榜自己是正道，别人都是错的，好像中国的文人千古相轻，文章都是自己的好。这个里头还有个笑话，不妨说一下古人的一首诗：

天下文章在三江　三江文章在我乡
我乡文章属舍弟　舍弟跟我学文章

“天下文章在三江”，这个三江指浙江、江苏、江西，江南一带。“三江文章在我乡。我乡文章属舍弟，舍弟跟我学文章”，结果还是他全世界第一，讲来讲去人都是自己第一。以我人生的经验，把这句话多加了几句，“文人千古相轻，宗教千古相嫉”，搞宗教的不管学佛学道，互相嫉妒，甚至可以说这个“嫉”字用得还是太轻，应该说千古相仇还差不多，彼此都是冤家。宗教界以及江湖上，打拳、卖膏药的，做官的，你恨我我恨你，这是人类的弱点。

现在比古人更严重，譬如修道学佛，十几年前，我在日本一看，这些新兴的佛呀道啊，什么创价学会，现在已经变成政党，有很多门派；基督教、天主教等新兴的门派也有几百种。第二次世界大战以后，各种新兴的宗教，都是自称接近上帝、接近佛、接近道，自己才是正派的，这充分反映了人类文化的低落与时代的混乱。我常说，这个时代有两个东西发达，一是娱乐事业，人人要求刺激娱乐；一是宗教的发展。我们过去走在街上，这面一看是天主堂，对面是“绿灯户”，两个遥遥相对，这是很正常的现象。怎么叫做正常呢？人，真正有智慧，在人生的路上走一条正路的，都不大多。我常常跟朋友说笑话，我们行将就木，快要躺进那个木头匣子里头去了，但是你老哥同我，人生观都没有确定，这样不是很悲哀吗？唉！还是讲回本文吧，本书的作者在东汉那个时代，当时已经开始有那么多方法、那么多的道门了。

导引法 祝由科

我们现在开始讲“是非历脏法，内观有所思”，这个是讲什么？后世叫“导引”，道家学问也有一个吐纳。所谓“导引”的方法很多，它的原文是“是非历脏法”，是汉代文章的写法。哪个是对的？哪个是错的？各有各的主张。这一派“导引”的方法，在我们中国古代修道很早就用了，是出于医学，像《黄帝内经》包括了《灵枢》、《素问》两部分，里头就有导引的道理。导引就是拿意识来观想，把人体内部的奇经八脉、任督二脉打通。譬如这里发动啦，现在走到哪一关啦，走到背上、走到顶上啦，怎么转河车下来啦，这都属于意识导引。

另外还有类同导引的，就是祝由科。现在很少了，过去有，现在勉强叫做精神治疗，是不是精神治疗能够概括，还不敢断定。祝由科治病是念咒子画符，有时画符还不要纸，就是这两指头这么一画，念个咒子，祷告一下，他就好了。实际上我还有一个法本，是一个修道的朋友年纪大了，他怕流传不下去，硬塞给我的。我没有时间搞这一套，但也怕交给人会拿去乱搞，所以到现在也不晓得交给谁好。祝由科修炼到最后，可以对自己祝由，就是对自己画符念咒，把身体化了，据说也可以成仙。这一类祝由、导引，在现代医学都属于精神治疗的范围，方法多得很。

譬如道家注重用意念炼精化气，炼气化神，炼神还虚，打通任督二脉，然后把腑脏搞清楚，这个“历脏法”就太多了。严重地讲，修密宗的所谓发动海底，打通头顶的梵穴轮，也都属于这个范围。

我们当年到处跑，寻仙访道。在入峨眉山时，经过龙门洞，是一个大瀑布下游，溪水中间的岩石上，有个和尚盖起房子来，我们进山都去看看他。有一天去时看到一个老和尚，胖胖的，肚子大得很滑稽，就像一个大南瓜。当家的和尚跟我说，老和尚也是浙江人，我跟他一谈，发现他气功真好。他表演一个工夫，姿势像鹅，鼻子“嗞嗞”吸气，后面屁股一翘，就“噗”放个屁，两头通的。每翘一下就放一个屁，假设练一百下就放一百个屁。看他动作快得很，连珠炮发“哔哔噗噗”，但是没有臭气。他七八天才吃一次饭，平常喝喝水，吃的就是这个气。他八十几岁了，虽然那么胖，爬山爬得很快，健步如飞。你不要看这个简单，练起来还真麻烦。可是他这个姿势，看似八段锦又不像八段锦，多少年来我没有看见过别人做这个工夫，这也是“是非历脏法”的一种。他那个姿势是练腰最好的工夫，的确是运动带脉很好的动作。因为奇经八脉这个带脉很不容易运动到，带脉是围在腰部的，尤其女性的生命，带脉很重要。这是第一个动作，下面还有好几套。

这个人不打坐，也没有看见他练工夫，也许他秘密地在练。他白天就替庙子和尚做裁缝。他原来也不是做裁缝的，问他怎么做起裁缝来了，他说一个人修道，时间那么长，拿个针来缝缝罢了，这就是道啊！“这就是道”这一句话，让我很注意他。道家有句话，“缝掖工夫”，一针一针缝出来的工夫。后来我跟他深谈，他说，做给你看的不过是导引里头的一套，真正的道还不在这里。所谓“缝掖工夫”，身心两方面要把它兜拢来。普通人的思想情绪跟这个肉身是分开的，如何把它缝掖拢来？一针一线这就是工夫啦！很细密。他那么大岁数，做针线活不用戴眼镜的！慢慢地，很安详地，坐在那儿缝。我说，我懂了，你不是缝衣服，你根本就在修道，锻炼身心！他就笑笑，一边缝，把线这么一拉，在我前面拿个指头比一下说，你对！你懂啦。

真正修道的人，不会装模作样，不是非要避到山林中用功修道不可，他过着普通人的生活，正常生活中都可以练习修道的法门。还有以前给诸位报告过的，我在重庆看到全家人都弯成一个球，在房间里滚来滚去，还是盘着腿滚的，这也是“是非历脏法”之一。你不管人家是不是道，那是真工夫，值得磕个头。给人祝寿常画白鹤跟鹭来表示，据说白鹤睡觉时，鼻子一定插到尾巴这里，是自己本身的呼吸循环，据说鹭也是如此，那我没有看过。这些东西，你说它是道吗？不是道，但是效果有没有？有。

旁门左道也不错

不但道家如此，佛家《楞严经》上讲五十种阴魔，包括了他的小乘弟子声闻缘觉，没有证到大乘境界，都是外道。但是他另外讲到十种仙，他只说仙道，没有讲他是魔或者是外道。照佛的观念，练气这一派属于“导引”，每一个都会长寿，你们翻开《楞严经》看了就知道，可以“寿千万岁”，所以《楞严经》有很多秘密。这十种仙，有一种是祝由科，画符念咒的，有的也可以达到长寿。另有吃药的，道家所谓外金丹，吃丹药把身体改变过来也可以练到长寿。这些虽然练成长寿，但不得正觉，没有大彻大悟，就沦为仙道了。

诸位读书要留意，不要被佛经骗过去了。佛都告诉你老实话，假设一个人做工夫，练成活到一千岁一万岁，若得正觉大彻大悟了，那就不叫做仙道，就成佛了。佛没有骗你，他反过来的意思已经告诉你了，这些都是入道的方法。所以常有朋友骂别人旁门左道，我看不惯的时候也讲几句，旁门左道也是道，不过多转几圈而已。你走的也不一定是大道啊，这是很难讲的。“处处绿杨堪系马，家家有路到长安”，这首诗，每次我都把原文搬出来，因为多年来被人改成家家有路通罗马，不像话！这是唐人的古诗，与罗马无关，修道也是这样的道理。

我常讲，光靠鼻子嘴巴的气功呼吸练功法，据我的统计有两百六十多种，这都是修的历脏法。“内观有所思”是修观想的，不修呼吸，而且是神气下照，照到心肝脾肺肾，或者是照任督两脉，能把它照通。密宗也有这一套。现在修道打坐的，什么炼精化气，把气从后三关再到前三关通下来，这个“前三三后三三”，打通任督两脉，接着奇经八脉都打通，都可以用观。可是你很难有恒心把它练好，这些修道的方法，都是靠精神专注。像内照形躯——内观，有时候是有个思想在作用，思想意识的作用并不是道，因为有一念思想，还有感觉的，就不是道。这不是我讲的啊！是这个道家千古丹经的祖师爷讲的。不过他的话也没有那么严重，“是非历脏法”，其中有是有非，有对有不对，对的都是很好的助道。佛家把这些都叫做“助道品”，虽然不是道，不是最高的目的，可是它可以帮忙你达到最高的目的。在我的观念，认为这些都应该知道，管它外道、魔道、邪道，要知而不用，能而不用，那就对了。乱批评它是迷信，它不对的地方在哪里你也不知道。“是非历脏法”不外一个原则：“内观有所思”。

拜北斗与奇门

“履罡步斗宿，六甲次日辰”，这个道家的修炼方法，现在很少有人用啦。我们看到乡下那些道士“步罡踏斗”，是道家专门的名词。这个“罡”字是四下面一个“正”，魁罡之罡。我们普通走路是两脚交替，那个道士不是，他一脚踏出去走直，第二步并拢再踏出一步，就是踏罡走法。踏罡还有走四方步的形式，这个步法是老祖宗方袍大袖，朝见天子时的步伐。实际上所谓“步罡”，就是正步走，但不是部队的正步走。你看京戏，那个鞋子下面垫白底的所谓官靴，比现在皮鞋底子厚得多，又平，很难走啊！要踏得好还不能失礼。所以以前考取了进士并不是马上可以做官的，需要经过“入伍”训练，到礼部去习礼三个月，才晓得怎么穿衣服，怎么上朝走路，怎么朝见，怎么跪拜。不是说进士考取了就会了，不行的！老土还是不能上朝的。这个“步罡”就叫“履罡”。

“履罡”是干什么呢？“拜斗”。我研究发现，这至少是秦汉时代拜北斗七星的一个方法，拜别的星方法不同，所以要晓得天文星座的画法，还要晓得它所代表天上神的名字。大家看过《三国演义》，诸葛亮在五丈原快死的时候“拜斗”，只差一天，就可以成功再活下去了，结果被魏延冲进来踢掉了一盏灯。诸葛亮说，完了！没有办法，命也！那么这些道家的方法，道教里头有，佛家密宗里也有。究竟是密宗学道家的？还是道家学密宗的？搞不清啦。道家不单有这个法子，还有拜阎王求不死的法子。跟阎王打交道，先送好红包，拉好关系，大概阎王会马马虎虎，在账簿上故意漏掉，慢一点去找你。所以“履罡步斗宿”，修炼起来每一个法子都很麻烦，要有坛场，要一个固定的仪式，这也是属于道门。

“六甲次日辰”又不同，“六甲”是根据十个天干配十二个地支，甲子、乙丑，十个天干配完了，这是一甲。第二轮由甲寅开始，所以共有六个甲，叫六十花甲。当然也有六个丁，也有六个戊，每样都有六个。我们看到小说上，张紫阳这些有道的人，用六丁六甲，就是这个东西。实际上是根据天文来的，这是中国古代天文学一套科学的东西，把它宗教化，变成神奇了。

最近这几年也很流行，很多青年都会算命，慢慢因为学算命勘地，研究到奇门遁甲，想晚上在房子外面画上奇门遁甲，然后尽管睡觉，什么小偷都进不来；就是进来也跑不出去，这个是奇门。大家都自以为学会了那个奇门遁甲术，结果怎么不灵呢？我说你虽上知天文下通地理，但不会符咒，每一个时辰有一个不同的符咒，哪个时辰摆奇门阵，须用哪个符哪个咒，必须知道才会有效。摆对了阵，人进入像吃了迷幻药一样，进入幻觉的境界，看到椅子像是大马路前边的一个崖，把你挡住了，转过来转过去永远转不出来。这属于催眠法的一种。

可是六甲、六丁、六戊也有用来算卦的，也有什么“次日辰”，所以有些道家非常注重“日干”。我也发现最近很多的同学，还有在国外的，非常相信算命，相信时间——这个时间对我有利，哪一天对我没有利，这个方向对我有利没有利。哎呀，我说你们怎么那么迷信！这些玩意儿我都会，我一辈子都不用。有哪一个方位不好，风水不好，我偏要在那里，我坐下来了还不是没有事！一切唯心造！

“阴道厌九一，浊乱弄元胞”，这是讲采阴补阳，在女人讲是采阳补阴，属于男女双修的。街上有卖这些书，大家都是正人君子不看，其实偷偷都在看。据我所了解，历代都是如此，越是说不看，越是偷偷都想看，好奇嘛！等于清朝才子袁枚有一首诗说，“不贪未必是清流”，嘴里不谈钱，未必是真不要钱。

第三十六讲

各种旁门修法
五鬼搬运法
东西方混合的旁门
脱离正道的修行

各种旁门修法

刚才讲到“阴道厌九一，浊乱弄元胞”，这是讲密宗所教的什么男女双修，道家所讲的采阳补阴法门等等。现在国内外这一套都很乱，一般又加上性教育的观念或者性学的研究，越来越乱，这些都属于外道之流。下来还有“食炁鸣肠胃，吐正吸外邪”，这是讲练气功，现在外面传的气功法门很多，最近又加了很多新的门派，都是服气的，练呼吸的。“吐正吸外邪”是说练气功的结果，练出毛病的也不少，搞不好反而把正气吐出去，吸进了外面的邪气。

有一个常识，我们要特别注意。古人说住山林，晚上阴气重，门窗都要关好。练吐纳气功的，在树林多的地方，夜晚不能练，因为树木晚上放出来的是碳气，这些都是自然科学原理。

接下去讲修苦功的不是道，“昼夜不卧寐，晦朔未尝休”。刚才讲“六甲次日辰”，有人修六丁，有人修六甲，到了那一天不吃饭，而吃淡斋。淡斋是不吃盐巴，糖也不要，什么味道都不要。淡斋与练这个苦功一样，昼夜锻炼自己的精神，常坐不卧，禅宗叫“胁不沾席”。

我曾经碰到过一个道家的，不吃饭，偶然看到他从口袋里拿出丹药，吃一片就够了。这个很稀奇啊！我那个时候年轻好奇，非要问清楚不可。结果他就教我了，但是我学会了也不练，因为是吃大便！先要吃四十九天长素，过午不食，最后再要吃七天淡斋，日中一食，与学佛的一样，最后来一个七天完全不吃。

不吃饭会死人哦！我自己试验过的，第三到第四天最难受最严重，肠子里头剩的东西都清理完了，只喝水，那真是一点力气都没有。那个时候你准备死好了，不准备死就不要学道啊！就是拿生命的规律来试验。道家有一句话，“若要人不死，必先死个人”。我觉得一般青年人现在学佛学道太精明了，像我们当年是笨兮兮的，你说死就死。所以说饿饭饿不死人，过了第四天到五天，精神就回转了。我那一次试验，眼睛看东西，墙壁都可看通了。一个朋友来看到我，他退了好几步，他说，你现在两个眼睛像电光一样，其实我照镜子看看也很普通嘛，不知道别人的感觉会如此。不过那时头脑特别清楚，身体又轻灵。但是你要注意啦！要出毛病也在这个时候，这个胃像个布袋那么蠕动，里头空了它自己还在摩擦，搓破了就胃出血，那就糟糕了！你要会用气把它充满，使它不会搓到出血。

再说“昼夜不卧寐，晦朔未尝休”，这就是不睡的意思，每个月初一和月尾更重要，是阴阳天地之交的时候，所以不可以睡觉，要接天地的正气。子午卯酉，打坐时辰都有一定的。但是这里说，这些都是旁门，还不是左道。

他现在下一个结论，“身体日疲倦，恍惚状若痴”，他说搞得身体越来越衰弱，这就不是道了。精神不统一，恍恍惚惚，现在讲就是精神有病了，胡思乱想，看见什么鬼怪呀，像白痴一样。“百脉鼎沸驰”，精神越来越紧张，气脉越来越错乱，表面上看到红光满面，实际上血压上升精神分裂。修无为之道，佛家最高就是空，道家最高是清净，但是修道人现在却“不得清澄居”，修道越修越不清净越不虚无，所以叫做旁门。

“累土立坛宇，朝暮敬祭祀”，这是另外一派了，老实讲，包括修密宗都是这样，到处修坛场。在西藏及印度修坛宇，还要白牛粪来涂墙壁。我说现在水泥那么发达，为什么一定用牛粪呀？难道要住在牛棚诸佛菩萨才来吗？这个在落后的地方可以，因为那里没有水泥。不过有个同学想了半天跑来说，老师啊，恐怕印度的牛粪还有杀菌消毒的作用。我说你讲得也不错，不过现在用不着，消毒的药剂也多，不需要牛粪啦。

五鬼搬运法

这些奇奇怪怪的法门，那多了，都很迷惑人的。譬如说所谓五鬼搬运法，又譬如说点穴法，你一定想学嘛！对不对？隐身法干不干？还有一个法，子弹打不进，你干不干？当然干！每一样都很诱惑人的。金木水火土五遁法干不干？碰到危险，一下从土里钻走，土遁了；看到起火啦，马上就从火光里头走了；掉下海去，借水遁就上岸了。譬如修密宗的“秽迹金刚”，就要找被雷打过的桃树，拿来刻一把剑，弄一颗印。所以想修“秽迹金刚”的条件就办不到。你说这些都是神话吧？也都是真的！老实讲我研究起来还是科学的，同天文、地理、地球物理都有关系，当然不是牵强附会。

五鬼搬运法是怎样搬运呢？那叫大搬运法，但是我们只是听见，没有看见。听说要修的话，要找五个死人的骷髅头，最好是年轻人的，老人的头不好，老鬼跑不动，年轻鬼才会跑。然后还要晓得死的时辰和生辰八字，在刚埋葬就把这个骷髅头偷回来，那真是伤天害理。然后把他的灵魂拘来，不准去投胎，把这五个骷髅头的灵魂，弄到一个深山鸡犬不闻的地方，要修一百天才修得成。如果修了九十九天听到一声狗叫，这个法破了，第二次就要修两百天啦，如果修到一百九十九天半，听到一声鸡叫也完了，第三次要三百天。

我说去你的！这种事情我怎么去干呢？第一偷死人的头我就不忍心，而且把这个人的灵魂拘来，不准他投胎替我们做事，更不忍心。不过真这样做，当然有个条件啊！在他做了多少事之后，要使他这个灵魂投生到大富大贵的人家，如果他想变女的，就让他投胎女的，长得漂亮，还做一品夫人，福禄寿喜都有。或者是修道成道，不然是不行的。（编者按：这是作者引用道家的说法）

现在《道藏》里也有保留，我翻阅过了，重要的那一段就没有啦，每一个法门都是这样。譬如《万法归宗》，市面上都流行，里面古里古怪小玩意多得很，但没有一样灵的。因为那个钥匙不放进去，方法虽对却没有钥匙开，所以这一本书看了没有用。

道家、密宗好多东西听了都非常诱惑人，所以叫做法术。是法，不是道，这都是旁门。所以讲到“累土立坛宇，朝暮敬祭祀”，早上晚上拜拜，道家修的“履罡步斗宿”，每一个时辰要沐浴、斋戒，去拜，拜到天神下来，这些统统是旁门。

东西方混合的旁门

前几年，我发现一个朋友在美国印了一部经。这个人是一位大居士，还花了大钱印，印得很秘密。后来我想不起来了，就在《大藏经》里翻，没有找到。我这个人有个怪毛病，天下事不知道的，我非要知道不可，等我知道了，就把它丢了。后来我就写信到美国找来，结果打开一看，不是佛经，是从前大陆上很多尼姑修的法门，实际上是摩尼教的经。摩尼教在唐代时候来过，可以说不是印度教、波斯教，有一点犹太教的味道掺杂进去，也有法术，也有咒语。

你们看过庙子上塑的，荷花叶子上有一个童子，穿红肚兜的，就是修的荷叶童子，女人修的，所以比丘尼修这个。修成就有神通了，那个荷叶童子永远跟着，有事就跟你讲，过去未来大概知道。不过这个不叫神通，叫依通，依靠别的东西而有的通。这个比修五鬼搬运、修骷髅好多了。这些荷叶童子都是灵鬼修成功的，并不是得了道的。比丘尼修这个法门，要在地下室鸡犬不闻处闭关一百天，要修成的时候就要看你的定力了。当你在那里念经打坐时，就有四五个魔鬼在你前面一站，骂你一顿，非常可怕。如果有定力一点都不怕，告诉这些鬼，你们先头部队仙子来过，他们已经低头听我指挥了。这不算是道，也是一种法术。

这些都是“朝暮敬祭祀”，我顺便提到，因为有许多比丘尼同学在这里，万一看到这个经，或者有人修这个法要传你，就要考虑了，这不是正统的佛法，可是有没有用处呢？如果化缘，如果做好事，有时候也用，可是要修炼一百天就很难了。

所以他下面说，“鬼物见形象，梦寐感慨之”，鬼神硬现形给你看，做梦也会有灵感。有些人修到耳报神，就是杨柳神，把雷打过的杨柳树，拿来刻一个三寸小人，修成功以后，这个小人什么事情都报给你，比那个卫星接收的信息还要准确，就是这一类的旁门左道。

还有一个“默朝上帝”，也是一个法门，这个就很严重了，是我们上古就有的。跪在那里祷告，祷告姿势同现在西方天主教、基督教的一样，也有密宗的手印。所以讲到人类文化很有意思，天主教祷告也拿一个类似朝笏一样的东西。朝笏是古代上朝见皇帝手里拿的，竹板那么长。古代为什么上朝用这个呢？你看唱戏那个大臣，见皇帝时端着朝笏，当年没有笔记本，朝笏后面就是自己记事的。一方面表示恭敬，对皇帝不敢面对，眼睛不斜视，只看到朝笏。实际上向皇帝报告的事情很多，怕忘记了写在里头，是这个作用。道家默朝上帝，拜玉皇大帝的时候，也有用朝笏的。佛教则改了用香斗，像如意一样这样拿着。道家也有这个香斗。

所以这些都失传很可惜啊！那个法国同学，他专门在这里研究道教，大概把这些资料都收齐了，写成一部法文书。我们现在讲中国文化，这些都是中国文化，但是大家不知道啦。前天有一个人问我，要如何为一位八十几岁的上将老前辈做寿。我说那严重了，礼节繁重。你看“打金枝”那一出戏里头，就是郭子仪做寿所发生的问题，媳妇是公主还不肯来拜寿。寿辰那一天，郭子仪自己先穿上朝服，面北叩首天子，然后拜祖宗，再坐上正位，让子孙亲友们朝拜。当寿翁的，哪怕他活到九十岁，做寿过生日那天，他带领大家统统跪着，先拜了天地祖宗父母，才转来坐在那个位置上，受大家的祝寿礼拜。外客来拜寿他赶快避开，要子孙接待，外客只好对这个空位叩头，子孙要还礼。这些都是中国文化，多读书多研究，你就晓得古礼在什么地方。有的书上也没有，幸而当年小的时候看到家里老前辈做寿，影子还看到一点。

脱离正道的修行

"心欢意喜悦，自谓必延期。遽以夭命死，腐露其形骸"，他说修这些旁门左道的人，自己以为在修道，心里高兴得很，认为必定得到启发，会长生不老了，结果都是突然死掉，遽然夭命。以我所晓得的，几十年来看到修道学佛的人，或心脏病突发、高血压，严重一点脑神经分裂，都死在这几种病上。除非禅定工夫很高的，预先晓得自己何时会死，那是很少很少的。其实有些乡下人，一个大字不认识的愚夫愚妇，规规矩矩念佛的人，那些人倒是善男子善女人，有时候倒还能够做到预知时至。你们诸位真正想成佛当神仙的，只有一个法门，就是笨、老实、一门深入。

"举措辄有违，悖逆失枢机"，他说这些旁门左道的行为举动，是违背正道的，悖逆正路，失掉了中心思想，"枢机"就是中枢的意思。"诸术甚众多"，旁门左道的方法太多了，"千条有万余"，有一千条一万种之多。"前却违黄老"，以道家来讲，前面违背了黄帝老子之道，“曲折戾九都”，弯弯曲曲，怪戾乖张，走弯路。“九都”是幽冥九都，是下地狱的路，越走越暗。“明者省厥旨”，高明的人要懂得真正修道的宗旨在哪里，道究竟怎么修，“旷然知所由”，先要认识什么不是道，找一个真正的道，一条清净的大路，才晓得怎样去修道。

今天简单把这一篇报告完了，下一章讲伏食，开始魏真人所谓的正道，就是正统道家。伏食是吃一粒长生不老之药，药就在我们自己那里。他告诉我们怎么样吃这个长生不老之药，这个才是“正道”。

第三十七讲

伏食是什么

金丹与命功

两弦合体章第九

青龙白虎 玄武朱雀

半斤八两

伏食是什么

下面第九章开始至第十五章，都是讲“伏食”，后世有些道书把这个“伏”字，写成“服”，也对。原始这个“伏”字，是降伏的意思。我们已经讲过“御政”，就是一个原则，说明什么才是真正的所谓传统的道家。接着就是“养性”，现在讲到“伏食”。拿佛学来比喻伏食，是如何明心见性而得定的道理；在道家来讲，伏食就是结丹。所谓金丹，金是个比喻，把颠扑不破的金丹，归到我们这个身心上来。但是如何能够证入那个定的境界而结丹呢？研究这一篇比前面的都难，因为一部《易经》一生都研究不完，《老子》、《庄子》通了一部就是专家，而《参同契》却把那么多的法则合在一起，所以说很不容易。

再说《周易》的学问，前面说过，有理、象、数三部分，而且象数部分更多，包括了阴阳家的学问。阴阳家在诸子百家之中是独立的一家，包括了五行，金木水火土这些学问。五行的学问看起来很简单，研究起来却很复杂，因为是同古代天文等等配合在一起的。还有五行“纳甲”也很麻烦，中国人的算命看风水都要知道的。八卦如何同五行配合，如何同十天干、十二地支配合，把这些相关的综合拢来叫纳甲。这些东西都太专业，那么多专业的东西，在《参同契》里头都要很熟练，所以研究《参同契》，从古以来都是最痛苦的事。古人能够全通的已经很少，现在是更少。我们在这个时代来研究这个，真的很困难，每一样东西都要从基本介绍，介绍了大家还不一定记得，也不一定懂得。所以我们现在只有简化说明，大家先有一点点认识再说吧。

我们先念一下朱云阳的批注。他说："此章专言伏食，而御政养性，已寓其中"，伏食的道理，就像《悟真篇》上的名句——"一粒金丹吞入腹"。"前面御政诸章，但陈一阴一阳法象"，这个宇宙天地一阴一阳的法则，在我们的生命来讲就是一性一命。我们的思想精神方面就是性，我们肉体的存在就是命。性命是一体的，就是心物一元的道理。"养性诸章，但指一性一命本体"，这个本体就是本来。

"至于阴阳之配合，性命之交并"，所谓"阴阳之配合"，就是性命双修。譬如说我们现在没有经过修炼，性和命是分开的。怎么叫分开？你思想可以飞到天上去，但身体没有动。身心本来是一体的，思想应该可以操纵身体，但是无法一致行动，这就是因为性和命是分开的。人求生不容易，而求死也很难，就算不想活在这个世界上了，要想离开这个身体却走不了。虽然走不了，性跟命这个思想身体不是两回事，但是有时候身体不好，你心里不想生病，却又做不了主！修道是要把性命配合为一，恢复本来一体的状态，所以阴阳的配合就是"性命之交并"。

"别有妙用存焉"，这个中间有一个很妙的作用。"此伏食之功，所以为金丹，最要关键也"，妙用的关键就是伏食，把我们先天的性，注入到我们后天的命里头来。我们现在不能打成一片，性归性，命归命，不能合一，所以这个肉体到了衰败的时候就要死亡。道家所说的金丹，金是指一个颠扑不破的原本的自性，把它锻炼成一个实体的东西；把本来是虚无缥缈的变成一个事实，这是金丹最重要的关键。

那么什么叫伏呢？“伏者，取两物相制为用”，像我们身体健康了，精神也舒服了，是互相影响的。换一句话说，今天感冒很难过，可是碰到一件高兴的事情，心里非常愉快，感冒也没有妨碍了，所以是两方面可以互相制伏，这叫做伏。

金丹与命功

修道的金丹制伏，就是命功的范围。要注意啊！修炼这个身体叫命功。我们的身体又是什么？不是肉不是骨，都不是。在佛学来讲，这个身体是地水火风四大假合。骨头坚固的叫地，口水、血液这些液体的属于水，身体有热能叫火，有呼吸往来是风。但这都还不是命的作用，真正的命同风有关系，道家、佛家共同一个名称叫“息”。我们学佛的，有人学天台宗打坐，修数息观，但一般人修数息观都在数鼻子呼吸的数字，根本不懂息的意义。鼻子的呼吸是属于风大，真正的息差不多连呼吸都没有，那个才叫做息。息是生命的根本。这个息，另外换一个名称，也可以叫“炁”，但不是呼吸的气，也不是空间的风。

所以真正的命是“炁”，不来身体就完了！这就是命功啊！这个呼吸一进一出，一阴一阳，是生灭现象。道家所谓恢复胎息，就是去掉后天鼻子的呼吸，恢复到胎儿在娘胎里头那个境界，那是接近命功了。性功跟命功的配合，就在这地方，这是伏，“伏者，取两物相制为用”。

“食者，取两物相并为一”，这个物不是物质的“物”，古文所谓物，就是这个东西。把两个东西合并为一个，等于面粉跟水揉拢来做成馒头，就是两样的合并为一。“盖假铅汞凡药，巧喻性命真种”，假就是借，借用铅跟汞。汞就是水银，水银的本性流动，一碰到铅就固定不流动了，这是物理的作用。这个汞，有时候叫做龙，龙汞都是代名词。龙变化无常，隐现莫测，这就代表我们精神思想方面；铅有时候以老虎做代表，学佛的人都想念头清净，但是思想清净做不到，除非你的气伏了，后天的呼吸之气没有了，归到先天的胎息。这个时候念头不动了，等于汞碰到铅一样，所以道家假借铅汞凡药来巧喻性和命。性和命两个要如何配合结丹，这个修持的方法，就叫做性命双修。

“借鼎炉外象，旁通身心化机”，道家经常讲鼎炉，化学的锅炉。道家是借用鼎炉的外象，解说性命之理，我们的身心就是鼎炉，这个比喻非常好。依道家来看，我们这个肉体生命，就是一个化学锅炉，不管牛肉、青菜、萝卜，什么山珍海味吃下去都被吸收，维持了我们的生命，这叫炉鼎。宇宙是个大化学锅炉，我们的生命跟宇宙相比，不过是化学锅炉里一点小东西而已。

所以这一篇“以有形显无形”，是以有形表达那个无形的作用。形而上的无形看不见，只好用有形的东西比喻，表达出它的作用。“乃是伏食宗旨”，这个就是伏食的宗旨。“究非烧茅弄火，一切旁门，可得而假借也”，并不是专指炼外丹。道家的外丹，就是药物化学，叫“烧茅弄火”，他说这一篇不是真的讲化学的作用。正统道家认为，化学药物的锻炼是道家的一门，并不是那些旁门可以胡乱借用的。现在所讲的就是道家的正道，正门，不是讲旁门。

我们常提到道家最著名的话，就是“上药三品，神与气精”。真正的长生不老之药只有三味，这个三味不是外药，不是植物也不是矿物，就是自己本身生命的精、气、神。但是这三味药各归各的本位，它是流散的，你很难把握。要把三味药锻炼结合在一起，变成一个就治病了。治什么病？治死病，你吃了这个药就不死了。这个药在哪里？就在我们身上，就在我们身心性命上面，只看我们如何锻炼。“药在炉中，须用真火炼”，炼药不是用凡火，要真火来锻炼。真火是什么？“故末篇又云，炉火之事”，这章就是说炉火以及锻炼的方法。

两弦合体章第九

火记不虚作，演易以明之。偃月法炉鼎，白虎为熬枢。汞日为流珠，青龙与之俱。举东以合西，魂魄自相拘。

上弦兑数八，下弦艮亦八。两弦合其精，乾坤体乃成。二八应一斤，易道正不倾。

现在开始，朱云阳这位道人把它分段标示了名称。这一段为“两弦合体章第九”。两弦是上半月及下半月，太阳和月亮代表了宇宙的现象。宇宙是什么呢？是时间与空间的名称。宇宙万有本体就是这个虚空，这个虚空所呈现的现象，最大的就是太阳、月亮。关公那把大刀，刀口像上半月那样，叫青龙偃月刀。

用《易经》和五行来说明，麻烦啦！“此章，直指金水两弦之炁”，这“两弦之炁”，怎么又是月亮？又是金又是水？道家文化的这个“炁”字，原本中间没有这一笔，印错了。“先分后合，示人以真药物也”，他说懂了这个道理，你就懂修道了，用不着另外去乱找。因为道就在自己生命上，真正长生不老之药物，就在我们生命当中。这是朱云阳真人的话。

回到本文，“火记不虚作，演易以明之”，《火记》这本书，在四库全书也找不到，实际上，就是《参同契》。火是生命的火光，是神光，所以叫《火记》。注解中说“火记六百篇”，其实并没有六百篇，其中另有道理，我们将来再研究。所以这个作者，汉代神仙魏伯阳，也叫火龙真人，他著的这一部书，是千古丹经之鼻祖，之后讲修神仙之道的，都是根据他这一部书来的。“火记不虚作”，他说这本书不是空洞理论，这个法则“演易以明之”，必须要懂得《易经》理、象、数这个法则，然后你就明白这是宇宙一个大法则。

青龙白虎 玄武朱雀

“偃月法炉鼎”，“偃月”刚才介绍过了，十二辟卦那张图我们常常会用到。前面讲过五天是一候、二十四个气节等。初三月亮出现一点亮光是“偃月”，“法炉鼎”是如何把这个炉生起火来。炉上面有个锅就是鼎，用来炼丹，这也就是说，初三的月亮这一点亮光，代表阳气来了。“白虎为熬枢”，为什么又来个白虎呢？这就是中国阴阳家、道家这一套，它并不是乱七八糟地加，是有道理地加，所以要阴阳五行八卦整个兜拢来，才懂得道家。

我们常常看到道家的图片，玄武是北方，或者用乌龟来代表，朱雀是画一只鸟代表。为什么用乌龟、飞鸟、白虎、青龙？这个更麻烦了，牵涉到古天文学，用现代的话讲，它把宗教的神话配合了科学的天文。这个不单是我们中国如此，西方也一样，所以西方天文学所谓狮子星座、天秤星座，也是同样的道理。如果讲到西方的看法，再过一两年就进入西洋的天文神秘学所谓的宝瓶星座了。在宝瓶星座的时代，人类的思想都喜欢修道、搞神秘学、打坐、画符念咒，对修密宗更是特别好奇。所以我们这一代人，尤其青年人都是宝瓶星，等于月光宝盒里放出来的怪物，这个是时代的气势运势。白虎是在西方，“白虎为熬枢”，煎熬中枢。

“汞日为流珠”，汞日就是太阳，太阳的光明放射，像水银（汞）一样流动。这个日代表我们的本性，本来光明清净的，佛经里经常用圆明清净形容这个本性。道家不用这一套，道家就是用太阳代表本性。其实都一样，密宗和道家差不多，密宗的大日如来毗卢遮那佛，就是代表这个“汞日”。但是这个太阳的光明，像流珠一样不定，人是把握不住的。

“青龙与之俱，举东以合西”，青龙在东方，一提到东方就有西方。月亮怎么发光？因为太阳跟它相对反映，中间有个地球隔开日月。每月的月底、月初，月亮的光被地球隔开了，所以月亮无法吸收太阳那个光。初三以后，地球开始偏移，月亮被太阳照到，又反映出来一点光。“魂魄自相拘”，所以月亮的光明叫做“再生魄”。这个灵魂在哪里？在太阳那里，因为月亮的光是太阳的反映。等于我们生命的两个东西，一个魂一个魄，我们身体的活动是魄，魂是精神。这两个东西怎么凝聚呢？“自相拘”，是自己合拢来变成一体。这个文字就是这样，他讲了半天，同我们修道打坐有什么关系也不知道，对不对？

原文下面矮一个字的，是朱云阳真人的注解，我们应该要研究。我想大家的学问不会超过宋代的朱熹，连朱熹朱夫子也研究了几十年《参同契》，最后一句话，用台语讲：“莫法度”，一点办法都没有。他自己承认，对这个学问只好投降，他写信给学生说，很想修神仙之道，可是没有办法。当然也怪他自己不谦虚，不肯找老师。其实跟他同时在福建武夷山的神仙白玉蟾，是道家南宗第七代的祖师。这个故事我们讲过的，后世称白玉蟾是祖师成了道的，不过当时的人是不会相信的，所以朱熹就不肯向他请教，还自己研究《参同契》，化名为空同道人邹䜣，他也写了一部书，批注《周易参同契》，虽然注了这一部书，他自己也承认没有搞通。再看朱云阳的批注，他可是全通了的。

半斤八两

先看原文：“上弦兑数八，下弦艮亦八。两弦合其精，乾坤体乃成。二八应一斤，易道正不倾。”这不晓得讲的是什么啊！尤其诸位青年同学，现在天天讲中国文化，这就是中国文化，你看怎么文怎么化？我们知道一斤十六两，半斤就是八两，二八就合一斤，半斤加八两，合起来就是全啦！所以我们骂人，这个家伙半斤八两的，就是只有一半，满桶水不响，半桶水响叮当，就是这个样子骂人的。“二八”，两个半斤合拢来，就是“性”也半斤，“命”也半斤，合拢来就圆满成一斤。“易道正不倾”，这样《易经》这个道理，性命之道才圆满。

上弦是八个数，我们注意啊，初三的月亮偃月，这个大家晓得，晚上在西方看见，加个五天一候，就是初八了。初八晚上月亮是正南方出来，这叫上弦，半个烧饼一样，像古代的拉弓射箭，那个弓平了，所以叫做上弦。这个现象拿《易经》来讲是兑卦代表，兑上缺（☱）。怎么叫兑上缺呢？月亮到这个初八的时候上弦平了，一半是亮的，白的上边是黑暗的。由上个月二十七，到这个月的初三，又到初八，两候了。这两个候代表兑卦，下面两爻是阳气，阳就是光明充满了，上面黑的是阴气，所以兑上缺，上面一爻是阴。

文王的后天卦，乾在西北方，坎在北方，艮在东北方，震在东方，巽卦在东南方，离在南方，坤是西南方，兑在西方。那么这个是讲上弦月亮出来，上弦有兑卦的现象，它的数字刚刚一半，就是初八月亮亮了一半，还要等到十五、十六整个才圆了。真正的月亮很圆的时候是十六不是十五，十五还差一点点不够圆的，你仔细看，十六是真圆。再过八天，到阴历二十二以后，下半夜看到月亮在东北方出来，上半截是白的，下半截黑了，是艮卦（☶）之象。艮上面那一横是阳，有亮光，下面是黑了，所以也是半斤。

“两弦合其精”，上半个月的属于阳气，下半月的属于阴，这个阴中之阳，阳中之阴，两个八合拢来变成一斤，取其精华，乾坤合体，阴阳合体，性命双修。一斤是圆满，所以是“乾坤体乃成”。佛经说法也一样，所以成了佛叫丈六金身，没有说丈八金身的。这就是二八十六——“二八应一斤，易道正不倾”的道理。

那么这个上弦、下弦代表什么呢？精神饱满的白天，代表上半月的月亮；晚上要睡觉昏迷啦，像下半月的月亮，慢慢走入黑暗了。这是生理方面的作用。心理方面也是，我们的情绪不稳定，永远不能得到无念清净圆明，做不到！假使做到了，这个人就得了道，就是金丹合一了。譬如我们年轻时候精神旺，这是上半月的月亮，到最旺的时候，就是十五六的月亮，到中年了，“月到十五光明少，人到中年万事休”，这是古人的诗，太悲观了啊！现在有人说人生七十刚开始呢！我看，过几年要八十才开始！其实人到了中年就走下坡了。

这个生命自己拉不拉得回来？照道家的说法性命自己可以控制，你如果懂得这个方法，就可以把自己的生命拉回来，长生不老。当然，一边做生意发财，一边搞选举想当选什么委员的，一边还想要当神仙修行长生不老，那是不可能的！

第三十八讲

上弦半斤 下弦八两

魂魄与心肾

金返归性章第十

正统道家理论重点

认识三种现象

人的五行之气

上弦半斤 下弦八两

我们这样的讲法，是为了配合一般青年同学，让他们比较容易了解，我想大家听得很辛苦，我讲得也很辛苦啊！因为诸位同学对中国旧有的文化太没有基础了。现在我们把朱云阳真人的注解念一下，一边解释。

“此节言，两弦之炁，合而成丹也”，月亮上半月一弦、下半月一弦，叫两弦。借用月亮这个自然现象说明我们的身体生命，两个半圆合起来就成道。我们修道学佛，身心两面平衡了，不是普通的平衡，是有一个标准的。身体的平衡到达了，呼吸之气完全停止了，在佛家叫气住脉停，是禅定之学。禅定不一定是得道，在道家叫做命功，到达气住脉停，连心脏、脉搏也不跳了，那是命功的成就。这个禅定属于共法，不但佛家有，道家也有，各家都有。

性功就不同了，性功是念头，一念不生清净圆明，这是性功的成就。命功的成就是另一半，这两个配合一起才叫做合而成丹。比较明白的说法是，生理一半，心理一半。因此正统道家看学佛的，只讲心性之学，只是走一半。道家同时也批评后代这些道家的人，只在身体上做工夫，也只是一半，都不行的。

“自震庚一点偃月，进至一阳”，震卦（☳）为雷，下面一阳刚刚出生，就是阴历初三晚上月亮的现象。我们把这个卦画成图案，下面就画一横白的，粗一点，上面还是黑的，就是月亮刚刚出来的现象，也就是震卦的现象。那为什么又叫“庚”呢？这要讲到纳甲了，我们学阴阳纳甲就要背。以前学阴阳很痛苦，“震纳庚”，为什么？纳就是归纳，这个“庚”是西方，是金。这句话就是说，每个月初三，月亮刚刚一阳来复（震），偃月，晚上是在西方出现，庚就属西方，所以“震纳庚”就是这样来的。

“便属上弦之兑，其卦气纳丁”，到了兑卦的时候是初八了，月亮下面一半白得发亮，这个一半亮的半个烧饼一样的月亮，出现在正南，南方属丙丁火，它的纳甲是丁，这卦气是“纳丁”。这是讲人从地面上，不用天文仪器，用肉眼看得到的太阳、月亮的现象。这在《易经》有个名称叫做“大象”，很大一个现象挂在那里给你看。你懂了这个现象就懂得宇宙的法则，太阳系统的法则，也懂得我们生命中生理同心理的法则。这里不是光用代号，这个中间为什么西方叫庚辛，南方为什么叫丙丁，都有它的理由。进一步就很麻烦了，牵扯天干地支，讲完起码半年。就是介绍完了，你懂不懂得进去还是个问题。

“此时水中胎金，魄中魂半，所谓上弦金半斤也。”又碰到问题了，什么是“水中胎金”呢？金是西方庚辛金，金性在道家说来，有时是代表佛家所谓明心见性，本性的性。为什么叫水中的胎金呢？月尾二十八以后这五天没有月亮，黑的；在方位上，这时月亮是在北方，北方属水。这个水牵涉的多啦，在《河洛理数》是一套，拿现在科学哲学再解释就又是一套了。北方属水，拿五行来讲金生水，《河洛理数》讲“天一生水”，这个“天”也可以代表抽象的天，宇宙万有本有的生命叫做天。“天”字也是代号，也可以叫做本体，本体是虚无缥缈，不是说它没有，而是有形成物质的作用。首先是液体出来，所以天一生水。水从哪里来？金生水，金代表本性，由精神世界变成物理世界的作用，就是液体先出来。

魂魄与心肾

拿人的生命来说，“魄中魂半”，等于睡着时会做梦，睡着时不是死亡，所以魄还在这里。中国医书讲魄在肺中，肺是呼吸系统，睡着时呼吸连续没有断，所以没有死亡。为什么会做梦呢？魂跟魄两个没有结合在一起，灵魂出窍啦，跟魄不结合。不做梦的时候魂在哪里？肾管水，肾不只是两个腰子，包括身体整个的荷尔蒙系统。所以真正睡着，心是火，肾是水，水火相济就是心肾相交，魂还是在体内，所以不会做梦。当水火不相济时，魂就离开这个身体。所以我们中国的神话画人做梦，都是头顶上出来一个人，外出去玩啦。一般认为这个叫出阴神，实际上是灵魂出窍，拿病理学讲很严重，轻一点是梦游症，严重一点就是离魂症。离魂症非常少，这一类拿现在的医学观念讲，同精神分裂有关联的。这个时候，所谓上弦金半斤，魄中的魂这一半，离开身体了。

再来呢，假定有一个人修道也好，学佛也好，打坐得定了，呼吸也宁静了，达到气住脉停，身体什么奇经八脉、任督二脉已经都通了不在话下。因为身体气脉通了，这个气才能够停住；气脉如果阻塞不通，就谈不到气住脉停。有时你觉得自己也气住脉停了，那你大概呼吸系统有了问题，闭塞了一下。有些人伤风鼻子不通，你不能说这个是道啊！就算做到了气脉通了，也是很宁静的，开眼闭眼内外有光明的现象出现，甚至于像看见月亮一样圆圆的，许多人就错认为是得了道，悟了道。也有人误认为就是禅宗祖师说的“心月孤悬，光吞万象”。这个不是的，绝对不是。

这个“魄中魂半”，在生命四大安下来，由于生理上的气住脉停，会反映出来像月亮似的有相光明现象，在道家讲这个还是命功，不是真道，而且这个月亮不是真丹。我们现在新名词，等于这是“体”上的第三重投影，还不是第二重投影。好不好呢？说你有工夫差不多，但这不是道。性功不在这个，不是这个月亮。当你知道自己现在清明，知道身体没有障碍，知道现在这个境界里有月亮出来，那么你就要晓得，再进一步月亮还会变太阳呢！这个清凉的、阴境界的月亮，变成了太阳之后还暖烘烘的呢！这个仍属于命功四大的变化。

但是你能够知道清明月亮的境界，与太阳温暖的境界，你那个能知之性才是性功。佛家所谓，菩提在那一边不在这一边，这边是命功。这是所谓性命双修之道的大概。唉！我已经讲得很吃力了，诸位听得更吃力，也许越来越迷糊。不过晓得世界上有这么一个理论，有这么个知识，这个“魄中魂半”只能讲到这里，太难表达了！

“所谓上弦金半斤也”，这个金代表性，上弦金算是半斤。“如颠倒取之，亦可云水半斤”，如果换一个代号，用阴阳五行做代表，也可以说“水半斤”。天一生水，刚才讲本性第一步出来的是这个水气，“故曰上弦兑数八”八就是半斤。“自巽辛一点流珠”，兑上缺（☱），兑卦代表了上半个月。巽下断（☴），巽卦是代表了黑，代表下半个月，下半个月怎么是“巽辛”呢？辛也在西方。上半月的月亮，是晚上看见在西方的，下半月是天亮时在西方看见的。“巽辛一点流珠”，这个光明流动，“退到二阴”是下半个月，“便属下弦之艮，其卦气纳丙”，卦气正南，丙方。“此时金中胎水，魂中魄半，所谓下弦水半斤也。”就是这个道理。我们研究到这里，我想暂停下来，大家搞不懂，坐在这里很受罪了。

金返归性章第十

金入于猛火，色不夺精光。自开辟以来，日月不亏明。金不失其重，日月形如常。金本从月生，朔旦受日符。金返归其母，月晦日相包。隐藏其匡廓，沉沦于洞虚。金复其故性，威光鼎乃熺。

正统道家理论重点

前面我已经报告得比较明白了，就是代表性和命的两个境界。为了要把这两半，也就是八、九这两章完全了解，只好再翻过来一章，看朱云阳真人把它分章标题的“金返归性”。我有另外一句话贡献给大家，你们学佛的也好，修道的也好，在我个人是不分家的；我也什么都不是，也不学佛，也不修道。不过有一个经验劝大家，你要真学佛修道也好，学密宗显教也好，如果正统道家这个理论搞不通，你修也是白修，因为用功所有的过程，你都不知道法则。正统道家的长处是，你懂了这个法则，工夫到了哪一步境界，你就懂得身心会出来一个什么现象，绝不会走火入魔。小说上写的走火入魔，就是因为你不懂法则不懂道理，好坏你统统不知道。如果知道的话，就算是坏的现象出现，因为你懂这个法则，也可以把它变成好的。那好的现象出现当然是更好，这是我要贡献给大家的。

“金入于猛火，色不夺精光”，把黄金丢进猛火里，本来固体的黄金，经过高温的化炼变成液体，尽管变成液体，重新凝结了还是黄金，那个亮光仍是一样的。所以金入于猛火，光色不会变，金性是不变的，这是形容我们的本性在生命过程中，乃至佛家所说在六道轮回中，本性不变。

“自开辟以来，日月不亏明”，这个宇宙的法则也是这样，自有天地以来，太阳月亮永远不亏，永远都是那么光明。这个太阳月亮的存在，不晓得多少万亿年，还是这个月亮，还是这个太阳。我们以前小的时候迷信，不懂天文，以为日蚀、月蚀是天狗来吃了太阳月亮。不管天狗吃也好，太阳被月亮遮住也好，月亮被地球遮住也好，几百万亿年来，遮了很多次，毫不妨碍，它的光明永远不亏减。所以刚才说黄金代表自性，日月的光明也是代表生命的本有的现象，不管怎么变化，它本性永远不变。

所以说“金不失其重，日月形如常”，随便怎么蒙蔽它，它是不变的。“金本从月生，朔旦受日符”，这个金不是黄金，代表了月亮发光的那个本性，代表初三月亮刚刚从西方出来。“朔旦”，每个月的初一，吸收了太阳的光芒，到初三就呈现出来。“金返归其母”，真心回到母体。你们学过密宗的，就听到过一个名词叫做“子母光明会合”。光明有子光还有母光，如果拿太阳跟月亮的关系来讲，月亮的光是太阳光反映来的，那么月光应该是子光，母光是太阳的光。当然我们不必问太阳怎么永远会发光，那是另外一个问题，那个问题可大啦！能使太阳发光的后面还有东西，道家也不讨论这个，道书到这里，乃至佛经到这里，都不说了，为什么？因为那是佛菩萨的境界，神仙境界。你成了神仙，成了菩萨以后，是另外一个世界的学问，那个时候你才懂。“金返归其母”，就是金性返归母性的光明。

认识三种现象

“月晦日相包”，朔是月初，晦是月尾，每月的月尾晦暗，“日相包”，月亮整个黑暗，被太阳阳气包藏了。“隐藏其匡廓，沉沦于洞虚”，月亮这个时候在北方完全沉沦，北方就是水，空空洞洞的什么都没有。“金复其故性，威光鼎乃熺”，从月尾晦暗，七日来复，就恢复光明了。西方基督教文化第七天是星期日休息，也是来复日。所以“金复其故性”的威力，它的光明，等于金子在炉鼎中重新锻炼，所发的亮光更大。

这几段如果要详细地讲，要从《易经》的象数重新来过，五行也都要介绍，所以现在不详细讲。再说到你们打坐，坐到什么都不知道，这是不对的哦！什么都不知道有三个现象，一是“无想定”，一般人做不到，佛家认为是外道，不过这个外道是很高的。另外一个是“昏沉”现象，我们睡眠不是无想，睡眠是个现象，是大昏沉。尤其大热天睡觉，睡得一点都不舒服，总觉得没有力气很疲倦。为什么？因为外气热，热得你昏昏沉沉地想睡，实际上都没有睡着，迷迷糊糊的，很多的幻想，很多的梦境，脑子没有完全休息，这种情形叫昏沉。

有时候我们静坐会有细的昏沉，打坐最怕的是昏沉，把无想当成是道就错了，把细昏沉当成是静坐是道也错了，都是很大的错。但是有时候不是昏沉，你当成昏沉也错了。不是昏沉是什么？就是这句话，“金复其故性”，这是第三个现象。这是说有时候你念头比较清净，坐起来什么都不知道，不是睡眠也不是昏沉。所以要懂道家的法则，那比密宗比佛家都讲得清楚，这个时候要认得清楚是“金复其故性”，是我们后天的思想妄念停止了，这个心归到性的方面去了。等于月尾的月亮沉到北方去了，“沉沦于洞虚”，什么都不知道了。这个时候你不要当成昏沉，应该让它继续下去，随便多少时间都让它去，乃至七天七夜都没有关系。等到“金复其故性”的境界久了，“威光鼎乃熺”，再回转来一念不生，则有相光明出来如太阳一样，威光内外。光明是威光赫赫这个境界，是性命双修的真正第一步，可以结丹的现象。我们现在直接这样讲，讲得很明白。

我们跳过三页，现在翻到朱云阳祖师做的总结。“此章直指金性”，金是代名词，直接指出来我们的本性“为造化之根，生身之本”，生命的本性，为一切生命造化的根本，我们父母结合生出我们的肉体，也就是生命的根本。

人的五行之气

“造化之奥，全在河图”，这是宇宙造化的奥秘。“水为五行开先”，拿五行来讲，先讲北方天一生水。“故天一即生水，沿而下之，水生木，木生火，火生土”，就形成了地球万有。“到土方纔生金，金独处其最后”，五行水、木、火、土、金，金是最后。“而全五行之气”，生生不已，一路发生，永远发展下去。所以生命的发展，“是造化以金为要终也”，金是最后。所以金是本性、是结果。

“土为五行殿后，故天五纔生土，溯而上之，生土者火”，天五才生土，土从哪里来？火生土。“生火者木，生木者水”，水从哪里来？“水却从金而生”，从金生的。“金复处其最先，而辟五行之源，是造化又以金为原始也”，金又成为五行的开始。因此道家从这个五行一来一往、一生一克的变化，拿金作为人本性的代名词开始。“此终则有始之妙也。金在吾身，即属先天祖性”，有始有终的金的作用，就代表了先天祖性。

现在回到我们这个生命来说，金在五行里代表了我们明心见性这个性，就是祖性。“父母未生以前，此性圆同太虚”，父母没有生我们以前，这个本性本来圆明清净，在佛家叫做法身。“迨媾精以后”，因为阴阳男女，精虫跟卵脏结合，我们这一点灵光本性，欲念一动，入胎变成了人。“地水火风，四大假合，而成幻躯”，四大变成我们现在的身体。

可是我们原来的本性在哪里？“太虚中一点真性，落于其中，方能立命”，就在这个身体以内。“是吾身以金为原始也”，这个金就代表我们的本性。

“及乎四大假合之躯，终归变灭”，这个身体最后死亡。“而此金性，独不与之俱变，万劫长存”，但这个本性是长存的，不过没有成道，没有回到本来，所以叫做灵魂。死后它又到别处去投胎了，而四大分散装进棺材埋进泥土，又化成了物质，但是这个灵魂并不与之一起变。“是吾身又以金为要终也”，所以我们生命还是这个本性——“金性”最重要。“此无终无始之妙也”，所以金代表了本性，不生不灭，无始无终。

本性在我们身上，可是你找不到，我们很可怜就在这一点。不过，禅宗祖师绝不提这一套，但是也有几个祖师明白地露了一下。云门祖师说“我有一宝，秘在形山”，就藏在这个身体上，可惜你找不到。临济祖师也讲，“赤肉团上，有一无位真人，常从汝等面门出入”，人人有位无位真人，天天从面门出入，我们却抓不住。能够抓住的话，在这个肉体锅炉中重新锻炼一番，肉体同它结合，就变成长生不死之药，修成功了永远不生不死。但是你看不见！它散而为气，聚而成形，在佛家叫做法身、报身、千百万亿化身成就。实际上法身在道家来讲就是“神”，报身是“气”，化身是“精”。精、气、神三样合一，三宝合一就成丹，就成道。这一篇我们也没有解释完，借他们两位祖师的嘴，漏了这个消息。是不是这样啊？你们诸位去试试看。

第三十九讲

由始至终的金

孔子与《易经》

伏羲一划分天地

《易经》的三圣

孔子玩卦

三教 三身 三清

由始至终的金

上次提到朱云阳真人的批注，就是道家观念，我们这个四大假合的身体，道家与佛家都称为幻躯、躯壳，就是说这是一间房子，偶然暂用一下罢了。所谓本性，是佛家的用语，道家则说“太虚中一点真性”，形容我们真正的本性。这个性，在阴阳五行之学的代号属于金，所以叫“金性”。“落于其中，方能立命”，在这个肉体躯壳以内立命，就是由性变成后天这个性命。命就是生命中这个能，这个动力。“是吾身以金为原始也”，这里给我们解释，金性是最原始的。在后天来说，我们肉体上的五行，肺部这个呼吸系统，都属于金。

由生讲到死，这个肉体四大假合之躯坏了，死了，自性也离开了身体，此时这个金性坚固不灭，所以万劫长存，并不跟肉体化掉。那么这个灵魂究竟变成了什么呢？这个生命的旋转，佛家称为轮回，分为六道。因其个人的行为思想，产生的因果报应，会进入一个新的躯壳，或变动物，或者变人，不一定。

这里他不讲六道轮回，只是说明性命之间这个自性，死后离开身体，是不生不灭的万劫长存。以我们身体这个生命来讲，以金性为开始，到了这个身体就有性命；当我们的性命结束时，这个性就离开了，就是“又以金为要终也”，所以全始全终都是金。“此无终无始之妙也”，就是佛经所讲的不生不灭、不垢不净、不增不减等等的这个真如自性，成佛之自性，永远长存的道理。这个不生不灭是讲那个自性，不是讲这个肉体的东西。

孔子与《易经》

接下去，“昔羲皇作易，剖开太极，劈破天心，最初落下一点，便成乾卦。乾为天，而孔子翼之曰，万物资始。乾为金，而孔子翼之曰，纯粹以精，此万世尽性至命之准则也”。我们中国文化从上古以来，至春秋战国以前，儒家、道家、诸子百家都是不分的。这个传统文化，由孔子整理过，保留下来的本来有六经，有一部《乐经》失传了，留下的就是五经，五经里第一部经典是《易经》。我们本来的文字是从图画开始的，我们老祖宗到伏羲皇帝这个阶段，开始画八卦，以图案来表达文化精神，是人文的开始，这个书就是《易经》。所以《易经》可以说是我们文化里经典的经典，是哲学、科学一切的根源。

从我们的老祖宗开始画八卦，才有文字的开始。八卦这个图案是根据宇宙原理画的，表达宇宙的开始，生命怎么来的。孔子对《易经》研究几十年的心得报告叫做《系传》，“系”就是吊挂在上面。他从五十岁起才开始研究易学，上古没有纸张印刷，是用刀一个字一个字刻在竹片上，叫做竹简。每一片竹简打洞，用牛筋穿起，这个牛筋线就是韦。所谓“韦编三绝”，是翻过来翻过去研究，牛筋线都换了三次。

下面引用的话，就是孔子研究《易经》，对宇宙和生命道理的解释。

刚才提到上古时代的字，是在竹片上刻的。竹片就是把毛竹切成两片，弄掉外面这一层青皮，然后刻字上去，再把竹片烘干才好保存。烘的时候，竹片的水就滴出来了，这个滴出的水，我们叫做“汗青”，这个名词代表了历史，历史的本子。你们不是都读过文天祥的诗吗？“人生自古谁无死，留取丹心照汗青。”就是说把我这个耿耿忠心在历史上留名。这是顺便说明一下。

现在我们回到注解。“昔羲皇作易”，我们的老祖宗伏羲皇帝作《易》，画八卦，开太极。太极是孔子在《系传》里提到的名称。这个名称是设定宇宙原来就是个圆的，这个生命圆圈就叫无极。后来我们画的太极，中间画两条鱼的样子，一黑一白，代表一阴一阳，是后来加上的。这个无极，中间没有黑白，没有分开，是一个整体。在佛家，得了道，就是生命的清净那一面，用四个字形容——清净圆明。我们一切众生，生命没有回到本来，没有得道以前，这个圆圈不叫清净圆明，而叫轮回。这个圆圈在转，我们这个生命跳不出去，永远受它转，死了以后也跳不出去，因为你没有能力跳出去。能跳出去就回旋，就回到太极去了，那就叫成仙成佛，返本还原！他现在就讲这个道理。

伏羲一划分天地

“剖开太极”，我们小的时候读书，就从这里读起。伏羲一划分天地，横的一划。你查古代的字，部首第一个字是

"一"开始。伏羲一划分天地，一的上面再加一横，下面加一个人，就叫做"天"。所以伏羲一划"劈破天心"。"羲皇作易，剖开太极"是讲宇宙原理，这个宇宙原理，跟我们人的生命原理一样。这个宇宙的生命心物是一元的，物质、精神是一个东西，一个范畴。后天就分成两个了，一个精神作用，一个物质作用。这个中间的作用是空的，这个空包括物质、精神两方面的功能。这个东西在我们文化的名称叫"天心"，在印度佛教叫"真如"、"涅槃"，是心物一元的。

顺便给青年同学们介绍儒家的"仁"，人字旁边一个二。一种解释是人际的关系，爱人，即所谓"博爱之谓仁"。这个不是原来的"仁"字观念，而是后来唐朝韩愈写《原道》的时候提出来的。韩愈本人真正的专长是研究墨子，他拿墨子那个兼爱的精神思想来解释仁学，所以他讲"博爱之谓仁"。孔子以及他的门人曾子、子思所解释的"仁"字并不是如此。韩愈的观念，不能代表全体中国文化的精神。

也有解释是仁者仁也。古人这种解释让你莫名其妙，但它有个道理，仁是像仁一样。第二个"仁"字代表果核，像桃仁、杏仁，每个植物的核仁，就是中心那个东西。你仔细把仁剖开了，都是两半合拢中间是空的。所以阴阳合拢了，中间是空，这叫"天心"。

佛家讲空，空是本性的真性，是像植物核心的仁一样，也等于现在科学家说电子、原子，分析到最后还是空的。那么这个空的东西，中国文化过去不走物理的路线，走人文精神的路线，叫它"天心"。他说我们老祖宗从"羲皇作易，剖开太极，劈破天心，最初落下一点，便成乾卦"，这个

《易经》的乾卦就是横线一爻叫阳爻，把这一爻切断成二，叫阴爻，阴的就是对偶的。阴爻代表实质的，阳爻代表空灵的。实际上阴爻分两半，中间空的，中间这个空就是“天心”，所以阴中有阳，阳中有阴。一个东西出来就是相对的，相对就是两个。

我们现在画卦是这样一笔一笔画，老实说这是后世人画卦。几十年前，我们这里有名的老朋友董作宾先生，是个考古学家，他告诉我说，《易经》那个卦，在甲骨文上找不到的，没有根据，很成问题。我说，绝不是假造的，古人画卦不一定像我们这样画。等于现在卜卦的人，“哗啦哗啦”铜钱摇一摇丢下来，阳，他就点一点；阴，点两点就算。上古人就是这样画，有时候画一条横的直线就是阳，也可以竖起来，这条直线分上下两截代表阴，这在甲骨文上就有。《易经》的“易”字也有，易字上半就是太阳，下半就是月亮，这就证明我们这个文化不是假造的。

朱云阳真人写的就很高明，“最初落下一点”，连伏羲画八卦这句话，也是表示当所谓“天心正运”，本身在不生不灭的境界时，忽然动了一念，这一念一动就掉下来，由圣人境界掉进凡夫境界，就由“性”变成“命”。落下一点，这一点妙用就无穷了，这个文章包含得很深奥。古人写文字很慎重，譬如为什么男女会生人？也就是落下一点，这一点中了就有生命，开始了另一个生命。所以他这一句话包含很多的意义，也将画卦的开始加以说明，“最初落下一点，便成乾卦”，伏羲的八八六十四卦，是以乾卦开始的。

《易经》的三圣

《易经》所有的文字，所谓“易更三圣”，三圣就是文王、周公、孔子。第一个研究《易经》的是文王，文王囚在狱中，在狱中的人虽有忧烦，但思想就走入凝定、专精、修道的境界去了。文王在牢里著《易经》还是初步的，后来经过他儿子周公解释，再加上孔子的解释，这部《易经》就经过三位大圣人整理了。《易经》这一部著作，其实不只经过三个圣人，讲起来很多了。因为易共有三部，前面也讲过，黄帝时的易叫《归藏易》，神农氏时的易是《连山易》，我们现在流传的《周易》，是周文王整理的。另外那两部大概给项羽烧掉了，我不讲秦始皇烧掉，秦始皇是很暴虐，他把全国的图书集中到中央政府的图书馆去，其他的烧掉。结果到了我们的项羽老兄，一进咸阳，点一把火，三个月统统把它烧光了。所以，这个罪过怎么能算到秦始皇的头上呢！

其实在我看来，三易都没有丢掉，这“归藏”和“连山”落在道家的书里头去了。譬如我们现在翻开《周易》图像一看，有太极图，有八八六十四卦那些图，原来的《周易》并没有，这是宋朝以后才出现的，而且是从道家传出来的。所以说这个文化没有衰，一代一代传下来，传到和尚道士方外去了，方外又传到道家的祖师陈希夷手中，再传到邵康节。所以这个法则是从这一边来的。

《周易》有十个部分，称为“十翼”。翼的意思是辅助，鸟会飞来飞去，必须靠两个翅膀。《易经》文化的昌盛，就靠这些大圣人们的著作。孔子著“十翼”，刚才讲《系辞》

上下传是他的批注，《说卦传》也是他的批注。《易经》附了十样东西，都是孔子的功劳。

“乾为天”，这句话是卦辞，是文王当时写的。这个卦代表了什么？他先写出来，乾卦代表天。这个天，可以说是天文上有形象的天，也是哲学上的本体，人生命的本体，代表我们原来的那个清净光明本性，形而上、形而下都在内。那么，现在这里讲“孔子翼之曰，万物资始”，就是孔子关于乾卦的研究报告。所谓乾，孔子在《系传》下了一个结论，“大哉乾元，万物资始乃统天”，这个乾卦，孔子的研究是代表宇宙万有的根源，统摄包含了整个的宇宙，有形象的天体都在这个代号之中。卦就是代号，换句话说，卦也就是漫画。

孔子玩卦

孔子读书都很认真，只有研究《易经》是用玩的。他并不叫我们读《易经》，他说“玩索而有得”，索就是探讨。我当年研究《易经》，就找了一副麻将牌来，把八卦贴在牌上在那里玩，随便翻过来翻过去，又是一个道理，重重无尽。所以他“玩索而有得”，要是死死去读，那会把人读死了。

研究道家文化，常常搞不清楚，觉得有些乱讲一套。司马迁的《史记》就批评研究道家的人，言语文字太偏僻，没有文化水平，所以知识分子看不起。因为大家不肯用心，只晓得修道，以为在身上修炼就会成仙成道，结果没有用，所以一定要把学理搞清楚。修道是一个科学，把原理公式弄清楚，再进到实验室去实验，大概就有十分之八九了。有些修道人说，我不要理论，我只要做功课，做做自己自然会懂了。哎哟！我的妈呀！你不去研究化学理论，随便抓些油在那里倒来倒去，当然你也可能发明一样东西，有时候连人都烧烂了。这又何苦！古人有五千年经验，我们不去学那个经验，偏要相信自己乱搞。

孔子关于乾卦的研究报告说，“万物资始”，他说乾卦所代表的，是宇宙万物的根根。在宗教家叫做上帝、主宰、神，这是给它一个宗教的模式。《易经》文化以及道家，从来不穿宗教的衣服。大家要搞清楚，道教是后来才起来的。我们旧的文化，有宗教的情操，哲学的精神，科学的方法，但是从来不把这个宇宙万有的主宰套上什么三头六臂，都是从人文这里而来。所以孔子在这里，没有把它叫做主宰。“乾”是“万物资始”，宇宙万物必须靠它，由它开始这个生命，这是本性，这是第一，所以“乾为天”。

第二，孔子在《说卦传》解释“乾，为金”。什么叫说卦呢？卦拿来用的，也是卜卦用的，万一卜卦卜到乾卦，乾卦在物质代表黄金，在人文可以代表男性。人去算命时，算命先生问，是乾命还是坤命呀？坤命就是女的，乾命就是男的，现在都不懂了。所谓“乾”，在《说卦传》里就代表金、金性，因此后世正统的道家，讲性命之学，就用“金”字代表这个本性。

“乾为金，而孔子翼之曰，纯粹以精”，乾卦就是金，孔子在这里讲的就不是黄金了，他用哲学观念解释什么叫做金，那不是有形的黄金，是自性。“纯”字所指是像佛家的诗“万里无云万里天”，是明心见性，纯到了极点；“粹”是精致到极点。这个“精”就很难解释了，勉强解释要看这个中文字，米字旁边一个青，米壳里提炼出来最精华的、最纯青的东西。譬如我们讲“炉火纯青”，当火力最强的时候，那个火光不是红的，不是黄的，而是青的。所以金性，就是刚才我们提过佛学所讲的圆明清净，纯粹到极点。

上面我们交代了孔子对这个乾卦的注解。朱云阳真人说由孔子的解释，依《易经》的道理，“此万世尽性至命之准则也”。你修道要性命双修，必须把这个学理弄通。这两重解释有两重意义：孔子第一个解释，“乾为天”，万物靠它来的，就是讲形而上；第二个解释，“乾为金”，纯粹之金，有了它，形而下变成后天生命以后，要再回到先天去，恢复它的金性，这是修道的工夫。所以朱云阳祖师说，你看孔子、文王告诉我们研究这个，是千秋万代的“尽性至命之准则也”。想把人性和明心见性，以及如何修到金刚不坏之身的大原则弄清楚，必须先要搞懂这个学理。

三教 三身 三清

“释迦得此，以证丈六之身，故尊之曰金仙”，佛教的释迦牟尼佛证到了。佛有丈六金身，十六两为一斤，所以丈六金身是我们普通人两个身高。这是什么道理？你看每一个宗教，连耶稣的画像也是一样，头顶有圆光，人体有七种光，现在科学已经证明，都可以照相照出来了。我们两手伸开，这样叫一寻，是依个人的尺寸为标准。佛经上常说，圆光一寻，这一圈之内都是我们的生命功能。所以打坐真正得到某一种定境的人，离身体七八尺之外已经感觉到了，就是这个功能的原故。

我们这个生命，实际上外面还有一层保护体，等于地球外面有一层有粒电子包围，这一层很难冲破。所以火箭的力量要很大才冲得过。我们人体外面这个功能也是这么大，有些人可以练到使这个东西起作用。这个东西，释迦得此，明心见性了，“故尊之曰金仙”。有些学佛人反对，认为佛教里佛不叫金仙。事实上，佛教的大经《华严经》，就称佛为金仙，这都是有根据的。修道人里，佛家骂道家，道家骂佛家，骂来骂去，给读书人笑话罢了。

清朝有个才子叫郑板桥，跟袁子才两个齐名的，他就讲过一句话，讽刺互骂，郑板桥说：“和尚，释迦之罪人；道士，老子之罪人；秀才，孔子之罪人也。”其实教主们都没有错，绝对是这些门徒不行！三教的门徒他一概骂光。这个话，烦的时候看到很痛快！我常常告诉大家，做学问这些要搞清楚，不要有宗教观念，天地间真理只有一个，每个地方表达得不同，每个人了解程度不同。那个东西等于钞票，不过你赚多一点，我赚少一点而已，用处都一样，都可以买东西。

“元始得此，以结一黍之珠，故宝之曰金丹”，道家的元始天尊就是把这个“万物资始”宗教化、人格化，像西方天主教、基督教一样，把那个主宰人格化。这个元始天尊是谁呢？就是老子，元始天尊一炁化三清。这个一炁化三清怎么来的？到大陆佛教的大庙一看，大殿上三尊佛一个模样，代表了法身、报身、化身。一个人得道成功了，一定具备有三个身。法身，清净无为是法身；报身，相貌庄严圆满由内体现出来；化身，有百千万亿。佛家有三身，道家怎么办呢？道家变成宗教后，就把老子变成元始天尊，一炁化三清，就是仿效佛家的三身。三清就是上清、太清、玉清，也就是佛家法、报、化三身。所以我们到道观一看，上面三个老头子都是老子，白胡子、白眉毛、白头发的一模一样，坐在那儿拿个如意，下面骑着青牛，这是在道家经典上的。佛家的三身下面坐着莲花。我常说笑，万一他们碰面，那头牛要吃掉莲花的话，他们两家的主人怎么办？

“元始得此，以结一黍之珠”，所以他称元始天尊——等于神、主宰、上帝——像米一样的这一点灵光从头顶进去，结成丹了，“故宝之曰金丹”。这是道家的话，你们不要搞错了，看我那么一指，好像传了道，就是一点灵光进去了，那么想就完了，这只是个比喻。道家说这一点叫做“金丹”，实际上你看下面讲得很清楚，“金丹”并不是有形的东西。

“三教根源，同一金性”，都是讲明心见性，见道以后修道，把他凝固起来，同一个原理。“外此”，超过这个以外，“即堕旁蹊曲径矣”，都是旁门左道。这可不是我说的，这是朱云阳说的，我只是照本宣科而已，“此学道者，所当细参也”。

这一段非常重要！我们修道的人要仔细研究，所以多费一点时间。不过下面也都是要费时间的东西，我们多参考一下注解会有好处的。

第四十讲

婴儿　姹女　黄婆

真土造化章第十一

水火二用必归土

太极函三

凝神聚气

水火如何能相容

婴儿 姹女 黄婆

下面第十一章的重点是讲“伏食”，就是怎么吃进来，其实并不是真吃一个什么，而是自己本身的性命之药。现在第十一章就是讲这个道理，叫做“真土造化”。这个“土”用五行来代表，我们现在先把它揭穿了，比较容易了解。这个“土”在正统道家是“意土”，讲的是这个意，意就是土。这个意，我们现在用得很多，像意识形态、意志等等。我们常常说，你是什么意思？意跟思想的思配在一起就是意思。意含义很多，佛家的分析很清楚，我们现在能思想、动感情等等，这些作用是第六意识，又叫分别意识，也叫了别的作用。这些只是外层，不是真的。为什么我们这个心不能定？就是第六意识的了别作用捣鬼之故。这个意有个根，叫“意根”，在佛学的唯识学上讲，就是第七末那识，是生命的根根，也就是俱生我执，与生命同时来的，包括异熟、等流的作用。道家把真土这个名称也叫做真意，真意不是分别妄想，不是妄想心的意识。

这个阴阳五行之学，有两句传统的话，诸如算命、看风水、看相等等都用得着的：“四象五行皆藉土，九宫八卦不离壬。”你们诸位学阴阳、学算命学的，这个很重要。本篇讲“伏食”，是靠这个真意，道家的结丹要三家会合，这三家比喻是婴儿、姹女，外加一个媒婆（黄婆），即童男、童女加上真意，三家结合才能成丹。

很多人读了弄不清楚，就认为是采阴补阳了。其实黄婆的意思是“中黄真土”，是指真意；婴儿是比喻那个本性，明心见性的那个“性”字；姹女是比喻命。性与命，一个属阴一个属阳，性命双修结合。这两样东西如何结合呢？要透过真意，如果用思想用妄想心去守窍，有心去入定去求证，那是第六意识作用，没有用。真意是什么呢？如如不动，杂念妄想没有了，也等于禅宗讲的“一念不生全体现”，那就是真意境界。在这个一念不生之间，婴儿、姹女就阴阳结合了。所以三家合一才能成丹，就是这个原理。

现在我们已经讲完了这一段的大要，但是，我们这位祖师爷不是这么说的，他用蛮复杂的说法，告诉我们很多原理、方法，我们要有智慧才能了解。原文这一章很麻烦。所以学道家的东西，必须要懂得《易经》八卦、阴阳五行、天干地支、奇门遁甲等等。道家的学说综罗万象，也就是这样来的。下面我们看原文，正式读天书了。

真土造化章第十一

子午数合三，戊己号称五。三五既和谐，八石正纲纪。呼吸相含育，停息为夫妇。

黄土金之父，流珠水之子。水以土为鬼，土镇水不起。朱雀为火精，执平调胜负。水胜火消灭，俱死归厚土。三性既合会，本性共宗祖。

巨胜尚延年，还丹可入口。金性不败朽，故为万物宝。术士伏食之，寿命得长久。土游于四季，守界定规矩。金砂入五内，雾散若风雨。熏蒸达四肢，颜色悦泽好。发白皆变黑，齿落还旧所。老翁复壮丁，耆妪成姹女。改形免世厄，号之曰真人。

水火二用必归土

“子午数合三”，子为天一所生，午为地二所生，合起来就是三。“戊己号称五”，戊己就是中央戊己土为天五所生。子午是地支，戊己是天干。“三五既和谐”，三五相加就是八，是八卦。“八石正纲纪”，八石是炼外丹用的，都是毒药，黄金、白银、水银、铅汞、硫黄都是，五金八石是炼外丹。那么你说道家炼外丹有没有道理？绝对有道理！不过现在一般人没有去研究，实际上，现在也用不着了，因为西药许多都是矿物提炼的。譬如过去的杀菌最厉害的西药六〇六，就是砒霜提炼的。我请研究外丹的人多注意一下西药的发展，每年新的药品出来，旧的药品往往淘汰了，科学的进步是如此。但不管中西药，用惯就失效了，再用就治不好病了，新药下去很快就治好病，五金八石，化学药品也有功劳。

“呼吸相含育，停息为夫妇”，男女结合，彼此的呼吸也配合。“含育”是指收进来孕育，在身体内产生另外一个生命，不要再经过娘胎了。你看这个里头包含了多少东西！这就是道家。所以当年我们读道书，又喜欢又痛苦，又沉迷又好奇，七七八八、三三五五、天干地支、子午卯酉，弄得昏头涨脑。后来了解，人家没有错，只是我们看不懂而已。

我们现在把朱云阳祖师的注解，接着研究一下，多花一点时间，会得到益处的。“此节言水火二用，必归于中土也。”先说水，那是身上的元气，你真定了以后，口水就来了，不是从口腔来，硬是感觉从脑的中心滴下来，那个口水是清香有甜味的，叫做玉液还丹，不同层次的还有金液还丹，讲过很多次了。当然有些人讲话口水都喷出来，那是病态。玉液还丹这个水液从哪里来？从火而来！你本身下元的真阳之气上升了，浊气下降，清气上升，打通了上部气脉，脑下垂体的荷尔蒙分泌，才会有玉液还丹的现象。所以打坐头要正，头不正会把脑下垂体气脉压住，看书也搞得肩膀疼痛，眼睛也近视了。所以我教你们青年人，读书绝不要低头。关老爷看兵书，一定把书拿到眼睛高度读，哪怕手累一点还是要这样读。读完了书合上放好，才休息睡觉，绝不会拿本书躺在床上，歪着眼睛去看，那还不变成斗鸡眼，戴上眼镜吗?!读书嘛，手要洗干净，所以你看我这个手帕，每个桌子上都有，我要读书以前一定擦手。不管什么书，书写出来都很不容易，所以值得尊敬，每本书读完了都保持干干净净。书带到厕所去，这个习惯很有问题，你们要注意一下，这也是代表文化的水准。

人体的荷尔蒙很多种，多从脑下垂体来，对生命很重要，是真正道家所讲的精。至于精虫卵脏的那个精，是次要，如果把它当成炼精化炁的那个精，就大错特错了。再说火是什么呢？就是佛家讲四加行的“得煖”，密宗叫“拙火”。不能修到得煖，精水就不能下降。修密宗的人，只讲拙火的重要，却不大注意水火既济水的部分。这个里头问题多了，可惜我也没有办法开这样一个学院，真要开这样一个学院，你们写论文就不能只靠读书了，要做工夫才写得出来。

现在讲“水火二用”，互相为用，当然是水在上，火在下才对。修道的人，头脑一定是清凉的。头脑热昏了，满面红光，就有问题要注意了。虚火在上不能下降，脸带桃花色，那是病啊！有些修道修得肚子又大，脸又红，问题很大，很有可能虚火上升。虚火在中医叫“相火”，所以中医有时候说“相火游行”，其中包括很多。相火不是真火，真火是主体的火，是阳火；相火属于阴火，相火就是发炎。中医讲肝脏的“相火游行”，就是肝脏发炎了。

“水火二用，必归于中土也”，中土就是刚才讲的真意。一念不生的时候，浊气下降，清气上升，头顶清凉，那个清凉口水下来。清凉到什么程度？夏天剃了光头，用温水头上一淋，然后风一吹，好舒服啊！连皇帝都不愿意当了，佛家讲这是轻安以前的现象。这个头顶清凉，玉液还不能还丹哦！要得煖才行，骨节都软化了。“必归于中土也”，必须一念不生才能得煖。所以说，道家工夫绝对不简单的。

“盖丹道妙用，无过水火”，想修长生不过是“水火妙用，不离戊己”，戊己属土，也属中宫，有形的戊己，在中宫就是脾胃；无形的戊己，是一念不生。中宫的气满时，你不吃饭没有关系了，工夫到了，吃了东西也要消化一下，虽然很快可以消化解决，不过总是麻烦。所以，“不离戊己”是说中宫的重要。

“大约举一即兼两，举两即兼三，会三乃归一”，所以提到佛家的话，一念不生处，一定身心性命归一。佛家的显教跟密宗争吵，密宗认为气脉要通了才能悟道；净土、禅宗不谈这套气脉，认为四大假合之身说什么气脉！那是外道。我们看到很多法师们的著作，都在骂，像我们这些没得道的人，看看只好笑笑。大家骂过来骂过去，反正都没有真得道，得了“骂道”有什么用呢？结果自己学道都在生病，还著书立说骂别人不对，那不是造业吗？至少自己少生病也好一点嘛！其实显密都一样的，真到了一念不生，一定是气住脉停；反过来说，能气住脉停，自然心平气和，才能到一念不生。心不平，气不和，精神不充满，怎么能够达到一念不生呢？这是很简单的道理，不过也要深入进一步说明。

太极函三

“会三乃归一”，中国有句话，是儒道不分家的话，“太极函三∴”，画个圆圈中间点三点，叫太极函三∴。太极就代表本体，中间三个洞，所以成佛的有三身，道家的有一炁化三清。道家讲天上的日、月、星叫三光；人身上的三光是耳、目、心三光。人到老年目光也散了，耳朵也聋了，心也懵懂了，三光漏了，快要归阴了。归阴也没有关系，阴极就阳生，再来投胎就是了。这个圈圈中间点三点，佛家讲不讲？你翻开禅宗语录，全讲！你们读书太少，你翻开沩仰宗的资料，仰山禅师经常提这个。梵文里头这三点，没有圆圈，梵文发音叫“伊”字。古代的祖师问你，“伊”字三点代表什么意思？佛学的解释，是法、报、化三身；道家就是

“会三乃归一”。“故水火既济，其功用，全赖中央真土”，所以，全要靠一念不生才可以。

“水属北方正子”，水方位属北方，在地支属于子。“在吾身为坎戊月精，天一所生，其数得一”，要晓得坎卦是月亮，坎代表水，所以中黄真气到了以后，中间是气住了，气停了，但并不是密宗讲的气脉通了。“坎戊月精”，气住了，这是《楞严经》上佛说的“心精圆明，含裹十方”的境界。这时精水来了，水来了才可以慢慢煮出丹来，没有水怎能煮东西啊？还要起火烧水呢！天一生水，解释水是什么意思，原来都是代号。有些同学国外回来告诉我，老师啊！这些《易经》，道家的书看不懂，到了美国以后，看外国人研究的英文，简单明了就懂了。再听他一讲，我说怪不得你懂了，他们连文字都没有搞通，把最浅近的、自己以为对的部分翻译了，自以为看懂了。

有一个瞎子问人，白是什么颜色？这个人告诉他，这个白同雪一样。瞎子说没有看过雪，这人说同鹅一样白。鹅怎么白？鹅一个头两个脚，走起路来“嘎嘎”叫的。瞎子说我听到过，原来那个“嘎嘎”就是白。有时翻译就是这样。所以要想看懂的话，把坎离戊己、阴阳五行都要先了解，了解了以后才会懂。当然，我们可以把这些代号都拿掉，直接写，好不好？就算直接告诉你，修道会不会成功？绝对不成功，因为这里头还有个道理。如果直接写出来，这样可以成道，那样可以成仙，为什么大家没有成仙成道？

凝神聚气

“火属南方正午，在吾身，为离己日光”，火属南方，在地支属午，在身体上火是什么？是生命能；“离”还代表两个眼睛的神光。所以打起坐来，光看前面看境象，完了！神外露，不能凝丹。所以修道要凝神，神光要凝。我这个是贡献你们啊！拿佛教来讲就是法供养，神光不要外露，哪怕你闭着眼睛都不可外露，凝神聚气才可成丹。当你看到各种境界，神就向外驰了，神外驰，才会看到境象，所以初步必须要做到“凝神聚气”。“离”代表性，也代表神，也代表日光。戊己都是土，也代表真意。坎卦刚才说代表水、代表月亮、也代表耳朵，耳通气海，所以代表气。所以我们修道打坐，如果没有凝神聚气，尽管外表好像入定了，可是从外面看得很清楚，气没有下沉，没有收摄，没有反听，那是没有用的。真到达气住，连原子弹下来都听不见，那才是凝神聚气。

“离”代表日光，“坎”代表月精，一个是先天光明的第一重投影，一个是后天的；一个是下面上来这股气，一个是上面下来这股气，所以瑜珈在密宗叫做下行气、上行气。譬如下雨，因为天热了地球热气上来，碰到冷空气，轰！打雷下雨了！冷热两气相接就是这样，人体内部也是这样。所以“地二所生，其数得二”，《河洛理数》指出天一生水，地二生火，“两者一合，便成三数”，两者合起来为三。所以你看道家很简单，直言告诉你“神凝气聚”，这是直话跟你说了，你懂不懂呢？如何神？如何凝呢？神又是个什么东西？气聚，气又怎么聚？都是问题对不对？可是你不懂！那么神凝和气聚怎么分辨？谁叫他聚的？就是真意！不是妄想，所以神凝气聚中间有个媒人叫“黄婆”，这个是真意。

“坎中有戊，是为阳土”，坎水真阳上到中宫，所以这个人精神好了，肾气上升到中宫，这是“阳土”。像我们冬天胃口特别好，吃火锅也好消化，这也是阳气上来。冬天外面冷，真正内热在里头；夏天阴火，外面热得不得了，肠胃反而是寒的，所以夏天胃口不好。你们夏天喜欢吃冰喝凉水，我看到就害怕，我走中国路线的，几十年如一日，夏天喝热的水，冬天可以吃冰。什么饭后吃水果啊，这些我都不干！一冷一热之间，都是致病的根源。冰凉的水果平常吃嘛！刚刚吃了热的，这冰水一浇下去，在里头冻住，可能慢慢就结块了，也许就得癌了。如果身上有真阳之火，不管癌也好，瘤也好，都会把它化掉。就怕你身上有寒火，不能发起真阳就完了。

“离中有己，是为阴土”，“坎中有戊，是为阳土”，两个都是土。“真意”在道家的分析，是一念不生，妄想意念不动，但是其中还有阳土、阴土之分。一念不生，光明清净的是阳土；有时候清净是清净，但是并不光明，那就是阴土。这两种境界哪种好？哪种不好？其实都没有关系，因为阴极则阳生，阳极则阴生。总而言之，“在吾身为中黄真意”，在我们身上，中间戊己土是真意。这个地方告诉你是真意，本书上已经有人打过圈圈，你也多打两个圈圈注意。我们这个真意哪里来呢？在佛学的唯识学讲，是第八阿赖耶识来的，也就是说，真意后面还有个老板。

“土本天五所生，独得五数”，道家的学问，说到《易经》、《河洛理数》，天五生土。天地之数，总数五十有五，已用四十有九，有六个不在内，这六个就是六爻。这个数理的道理是另一套哲学了，这叫做数理哲学，要另外研究。“故曰，子午数合三”，合拢来是三样。“戊己号称五，合之而三性具矣”，中央戊己土是五，这三个特性都具备了。

水火如何能相容

“水火异性，各不相入”，水和火性质有异，所以“不相入”。我们打坐为什么不能得定？因为坐不住啊！有时候心里还想坐一下，可是我的妈呀！一身发胀，两腿酸痛受不了，对不对？那是身坐不住。有时候身体还能多坐一下，心里乱得很，坐不下去。身心是水火两个东西，各有不同的性质，要水火相济才能进入那个境界，半斤八两合起来是一斤。水火异性，火大了就把水烧干了，水太多火就熄了，所以要配合平均。生理跟心理要调和，恰到好处，就很难！再进一步，我们身体的根根是气，心理的根根是意念，这两个是互不相容的，要平衡。

要怎么样把生理和心理组合拢来呢？“惟赖中央土德，多方调燮，方得相济为用。”这个是调理阴阳，惟靠中央的土德多方调理，要用各种方法。所以真正修道的人，为什么又学剑又学武功，又炼丹药，又会看病又会针灸，好像样样都通，你说为了什么？其实都是为了修道，只为了这一点事，必须要学那么多东西。因为古人修道要一个人跑到深山里头住，深山有野兽老虎等，还有土匪来抢，所以要会武功；同时也要懂得阴阳五行、风水，也要懂得草木，万一生病了，摘草为药；也要仰观天文，晓得这个打坐的地方，何时吹台风下雨。所以要样样都懂，都是为了修道。

你说什么都不管，或者守窍，或者打坐就算修道了，你这样能修成功，那我几十年不是都白玩了吗？修道要多方面调理，各种方法都要懂。有时候用道家的方法，一用不对了，密宗拿来用用看，禅宗也拿来，再不然，就念阿弥陀佛只好往生西方极乐世界。有时候念了半天我还在东方世界，那么就归到药师佛世界来。所以要“多方调燮”，道家就是这样，也是包括了诸子百家的学问。我说纪晓岚虽不懂道，是个文人，但对道家的评语八个字，“综罗百代，广博精微”，非常好！那硬是这样。

“由是水一火二，得中央之土，列为四象”，太极分两仪，两仪就是阴阳，阴阳有老阴老阳、少阴少阳，叫做四象。四象生八卦，“重为八卦，四正四隅，分布环拱”，八卦是四个正方，东南西北加四个角。“便成八石之象”，八石也是八卦。“岂非三五既和谐，八石正纲纪乎”，这是解释它的原文，八石也是讲炼外丹，是吃的丹药。外丹有什么道理，我也想过很多，试过很多，不过没有把八石都炼成功，我没有这个工夫，而且也不做这个傻事。

现在有些人我晓得在采阴补阳、采阳补阴，到处乱搞，但是千万不要相信，那都是一套鬼话。天下人傻子太多了！现在的医学已经有各种荷尔蒙，比你那个修道还厉害，但是你不要乱用，医生都慎用荷尔蒙的。

第四十一讲

喜爱外丹的麻烦

如何炼内丹

内呼吸不是用鼻子

颠倒颠的运用

黄金 流珠 朱雀

喜爱外丹的麻烦

上次讲到丹药，道家的名称“外丹”，是化学药物配制。古老的外丹，都是五金八石这些最强烈的毒药配制，要把毒药炼到没有毒性才吃下去。在道家的传记上，服食外丹成就的人非常多，不过在历史上，许多名人、皇帝吃了外丹，都很快地翘辫子了。明清两代二三位皇帝，还有历史上的名人苏东坡、韩愈，都是中毒而死的。韩愈反对佛，反对道，不过自己还是吃这个东西，还是想长生不老。明代的王阳明，也吃外丹中毒而死，死的时候一身发蓝，是砒霜中毒。乃至清朝的咸丰皇帝，说他死于天花，死于梅毒，又说死于道家的金丹，各种说法不一。譬如现代新的考证，讲雍正也是死于外丹，因为他也是学道学佛的，这些都是疑案。

《楞严经》中佛讲有十种仙，有一类是吃外丹的，这些修持的方法都可以寿至千万岁或更长。佛说有五十种阴魔，对于阴魔，佛是严加苛责的；但对于十种仙，只说不得正觉，所以就走入仙道。我常说佛只讲一半，假定十种仙又得正觉，那是否会成佛呢？后半截佛没有说的话，就等你自己去研究。

我们接着上次讲朱云阳祖师的注解：“外炼之术，以五金配五行，以八石配八卦。丹头一到，五金八石，皆点化而成真金。”我们文化里头一句名言，“丹头一到，点石成金”，就是这里这四个字，这个铁石一点也就成金了。我们小的时候读书，赞叹老师把我们文章改得好，就说老师真是丹头一到，点石成金，就是这个道理来的。

有一个故事，大家都晓得的，说吕纯阳祖师要来度人，想教人成仙，但是很多年找不到一个人。所以有两句名言——“茫茫四海人无数，哪个男儿是丈夫”，世界上茫茫四海人多得很，就是没有一个人成器。后来吕祖碰到一个卖糍粑的老太婆，就化身叫花子去白吃，这个老太婆也没有问他要钱，也没有讨厌他。吕纯阳看来看去，觉得这个老太婆是好心人，他就露了一手，把指头一点，丹头一到，把她的铁锅就变成金的了。这个老太婆看他指头一点锅子变黄金，也不动心，还卖她的糍粑。吕纯阳愈看这个人愈好，这种人到哪里找啊？非要传道给她不可。老太婆说学这个很麻烦，要练很久才能点铁成金，不如你把这根指头给我就好了！吕纯阳一听，真正是“众生易度人难度，宁度众生不度人”，就走了。

如何炼内丹

“故仙翁假外象以喻内功，切不可泥相执文”，所以魏伯阳真人假借炼外丹，说明内功是靠本身自己锻炼的，在道家这个叫内丹、金丹。内丹是自己本身有的，就是“上药三品，精、气、神”。他告诉我们研究丹书，炼丹，“切不可泥相”，不可水泥一样黏得很紧，着相；切不可“执文”，不要认为真的有个丹吃下去，那就变成胃结石、胃癌，要开刀了。这个丹是什么？就是所谓假借法相。古文的“丹”字，就是圆圈里头一点，同这个“日”字一样。所谓在虚无中，也就是在太虚中若有若无之间，有这么一个作用，像是佛家所讲的非空非有，即空即有。你说没有吗？有这个作用；你说有吗？绝不是一个实质的东西。

现在我们文字讲到这里了解了，大家打坐都想学神仙，每个人都觉得自己是丈夫，都认为成仙有望，把打坐就当成炼内丹了。打坐绝不是炼内丹！明白地说，什么是炼内丹？他不是叫你伏食吗？什么是伏食？很简单，就是佛法的禅定工夫到了四禅定，那时气住脉停，内丹一点就到了。这个气住，是鼻子的呼吸像是停掉了，不呼也不吸了，就是达摩祖师讲的“外息诸缘，内心无喘”。这时不需要靠后天的空气了，因为本身的气充满了。脉停就代表思想、心念都空了。在这个空的境界上，若有若无有个东西，有个作用，这就是内丹的境界。这并不是说你这样就成仙了，这只是基本的修道，还没有达到丹头一到点铁成金的“伏食”。打坐做工夫气脉通了，三脉七轮打通，拿佛学的分类，都是属于前面的预备工作，还没有得定。

“水火既已相济，其中一阖一辟，便有呼吸往来”，外表上的气住脉停是没有用的，也就是说用闭气的方法勉强做到，并不是真的气住脉停。真到了气住脉停这个境界，所谓内丹凝结了，实际上仍在呼吸的，这叫做内呼吸。真正的内呼吸，并不是鼻子呼吸比较少，自觉肚脐下面丹田在呼吸，这个不是的，不叫做内呼吸。内呼吸你看文字上差不多，程度差别很大，到这个时候，水火既已相济，有气住脉停的现象。“其中”，注意“其中”这两个字，不一定说心窝里头，或是中宫，也不一定说到肚脐，而是说其中自然有一阖一辟，就是自然而起这个一开一放的作用。这就是说，在身体的内部有呼吸往来的现象。这个时候用不用外来的空气呢？还是有用，很久很久，或者是个把钟头偶然一下，不像我们现在鼻子这里呼吸，而是鼻根那里轻轻一下就吸了。

内呼吸不是用鼻子

“呼至于根，吸至于蒂”，这个蒂与根在哪里？并不一定在丹田。“总赖中宫真土，含藏而停育之”，这个时候完全靠中宫，这个中宫也不一定是胃这个部分，不过也离不开这个部分。“中宫真土”就是真意，就是一念不生的清净境界，也就是清净心。道家十三经当中有一本《清静经》，我介绍过，非常好，跟佛家的《心经》一样，是真正的清净意念。这个时候第六意识的杂念妄想不动，意根上清净，永远就是一念，等于佛家讲的“一念万年，万年一念”，没有动过。靠这个真土“含藏而停育之”，到这个境界并不是说你到家了，而是伏食到了这一粒金丹入腹了，慢慢要“停育之”，慢慢地保养。

这里又告诉我们，“此呼吸非口鼻之气，乃真息也”，不是嘴巴鼻子来呼吸，不是做气功。“真息往来，初无间断，自相阖辟于中土”，这个时候发生什么现象呢？“不啻夫妇之相配偶，乃真胎也”，等于男女阴阳相交那个境界。密宗露过一个消息，说乐、明、无念，就到这个境界。说夫妇男女是比喻，不要搞错了。这个时候就是佛说的证道了，所以道家佛家在工夫方法上名称不同，路线是一样。“中宫之真胎不动，而一水一火自然呼吸其中，犹太虚之真胎不动”，整个宇宙有个生命功能不动。“而一日一月，自然呼吸其中”，虽然不动，这个虚空太阳月亮就代表了人体的呼吸往来，这个上去那个下来，那个上去这个下来。这个道理你懂得了，“岂非呼吸相含育，伫息为夫妇乎”？配合大宇宙的法则，你就晓得这个小的法则了。

“此段，直指真意，为金丹之母”，所以，“伏食”这一节，坦坦然把修炼神仙的方法告诉了我们，就是一念不生出真意，“为金丹之母”。道家的三经是《老子》、《庄子》、《列子》。《老子》又叫《道德经》，《庄子》叫《南华经》，《列子》叫《清虚经》。《南华经》云，“真人之息以踵”，庄子说，真正得道的人，他的呼吸不像我们，他的呼吸一进一出到脚底心。他又说，“众人之息以喉”，普通人呼吸只到喉、肺部为止。《心印经》云（这是道家另一部经典，叫《玉皇心印经》），“呼吸育清”，他说这个时候内呼吸起来了，它所孕育的一切都是清虚的境界，念也清虚，身也清虚。

《黄庭经》云，“后有密户前生门，出日入月呼吸存”，道家的这个《黄庭经》，差不多都是七个字一句，照后人学术考证，是魏晋之间的人伪造的。《黄庭经》上就讲，真正的内呼吸“后有密户前生门”，现在大家学术都很公开，不像古代是神秘得很，不准讲。现在你们学密宗、瑜珈术或道家的，都晓得海底、密处这些名称。不过真正海底、密处在哪里，大家还是搞不清楚，总是最深处，生命动态的地方出入。出，像太阳一样出来，太阳怎么出来？太阳从海底跳上来，这是形容呼吸，日出像呼出，月亮则为吸入。道书上告诉你原则，“出日入月呼吸存”，是内呼吸境界，这是《黄庭经》的话，他引用了道家的这三本经典，说明内呼吸。

所以丹头一到，点铁成金的道理，“皆言真息也”，再拿道家的术语来讲，所谓真息就是真意。有些丹经道书也说得很明白，只是一般人没有研究，也不懂真息就是真意。有些道家的丹经上说得更有趣了，但是我认为丹经并不是全对哦！某几句话蛮对而已。道家的著作很杂乱，有时候一两句话对，其他全部都要不得；有时候大部分对，小部分是渣子。所以丹经之难清理就是为此。譬如讲到真息就用拆字的办法，真息不是呼吸，自心谓之息，“自”字下面一个“心”字。道家有些字都是自己造的，譬如说上面写一个“自”，右边写一个“家”字，下边写一个“水”，就是自家水(𪉩)。这叫什么字啊？就是金丹大药。所以他这个息字就是“自心”，是心念境界。

颠倒颠的运用

“此处指北方正子为水”，本章是用《河洛理数》、天文阴阳五行道理，“南方正午为火，以本体而言，后面，指离中流珠为水，坎中金精为火，又以颠倒互用而言矣”。南方北方，水火颠倒互用，道家所讲的方法，经常用颠倒。道家有一句话，金丹大道的方法，本身就有，你不要去找神仙，你懂了自己都会，把你现有的生命，“自在中间颠倒颠”，把它倒转来用。我们现在眼睛看外面，耳朵听外面，一切都用在外面，把他倒转来用用看，不向外面用，回到自己本来那个太虚清净地方，这是第一颠倒。空虚、清净到了极点之后，第二颠倒又来了，这是佛家的话，真空里头就生出妙有来。太虚里头是灵光一点，丹头一到，点铁成金；有是妙有，有当中有空，空当中又有有。颠倒颠的道理，是说何时出现的境象应该要把握住，何时出现的境象不要把握，这是火候中间颠倒颠。这章的解释大概如此，我的话不一定对的，是贡献你们做个研究。

现在接着讲《参同契》的本文，“黄土金之父，流珠水之子”。神仙祖师把修炼的方法，借文字留给后世人，希望后代的人读懂他的书，每个都成神仙。这是汉代的文字，可是这种文字，比我们早一百年的人已经搞不通了，现在我们更难弄通。什么黄土也是黄金的爸爸，流珠又是什么水的儿子，这些是讲的什么啊？现在青年来读，真是麻烦透了。可是你注意，这就是中国文化，如果这个你不懂，那你谈什么中国文化？如果说这些是迷信，你连影子都不懂，怎么有资格说是迷信？老祖宗留下来的是有内涵的，这个文化的基础包括非常多，自己一口否定了，那是不肖的子孙。

黄金 流珠 朱雀

“黄土金之父”，这是阴阳五行的道理，中央戊己土代表中土，这个地球是泥土做成的。我们上次提到过，人类的文化离不开土地，植物、动物、矿物都一样，如果脱离土地到太空上去，已不是地球上的事了，那是另外一个太空文化。中央戊己土是天干的代号，戊土代表土的元素，没有形成为土，已土代表有形的土。换句话说，戊土代表土的物理作用，物理的能量；己土代表物质的形成，变成了一个物质。所以泥巴也是土，石头也是土，坚固的一切都是土。在五行的道理，土生金，金生水，水生木，木生火，火又生土，就是一个连串的前后因果不断，也在颠倒变化，都是五行的变化。“黄土金之父”，因为土生金之故。

流珠是什么？流珠就是我们身上流动的荷尔蒙乃至精液、血液，都是水变的，所以是水之子。天一生水，金生水，这个中间重重的变化，有相生相克的作用。“水以土为鬼”，你们很多人学过算命就知道，五行生克，克我者为鬼，土克水，所以土为水之鬼。有时我要你们学算命，学会之后，不是去替别人算命，是要你把这个上古的法则发展到人文科学、物理科学上去。这本来也是一个科学，因为魏晋的时候，政府禁止科学的发展，所以这套科学只好跑到江湖里去，这个文化是这样保存下来的。

中国人的思想为什么禁止科学的发展呢？其中有他哲学上的理由。因为我们老祖宗认为科学发展是走向所谓“奇技淫巧”——奇怪的技术，过分巧用脑子的东西，不是天然造出来的。远在晋武帝司马炎的时候，已经有人发明木制的鸟在空中飞，晋武帝下令禁止了。讲到航空史的话这个才算早呢！为什么禁止？理由是人类物质文明愈发展，人的欲望愈提高，对物的欲望就没有止境了，因此政府不准发展科技。我们现在物质文明发展到这个程度，已经感觉到脱离天然愈来愈远了，很痛苦。

为什么提到这个“水以土为鬼”？我们讲到算命，算命有几个代号很有趣的，“妻才同宫而异位”，同一个干支，功效代表不同，这是算命术语。发财也用这个“才”字代表，学问很好也是这个“才”，老婆也是这个“才”，三样都是一个字代表。有同学说，老师啊，某某人算命不准，他算我今年发财结果没发财。我说你算命不懂算命哲学，就是迷信，这个是对比的啊！你本来是个穷小子，爸爸只给你一千块一个月读书，你已经计算好一天用二十块钱，可是今天去打工，一天赚了五百块就是发财了，是相对的。你上个月打工赚来两千块，认识一个女朋友，去了几趟电影院，几趟咖啡馆，钱当然光了。你有那么漂亮一个女朋友，这个“才”来了，那个“财”就要散掉了，都给你占完了，别人占什么呢？

所以“官鬼同宫异位”，官鬼都是克我，与我阴阳相同为鬼，不同为官，你见了官就见了鬼了。你做了官忙死了，是运气好，运气好就是忙，倒霉就是清闲，看你要清闲还是要忙。你给警察叫去问案子，天天跑一趟烦死了，所以官鬼都是管你的。过去算八字，女的八字里官怎么样，印怎么样，有正官正印，嫁一个好丈夫，当然这个丈夫就管住他，女的也见到鬼了。所以中国算命的哲学，只要趣味地一研究，已经告诉你人生了。懂了算命，学会了而不算，用不着算了嘛！都清楚了。所以卜卦算命，卜个什么呢？为什么卜卦？想知道出门好不好，这一念，卦已经卜完了，不是好，就是不好，你已经答复了，还要算什么呢？

“水以土为鬼，土镇水不起”，水在流动，土是克制水的。譬如我们身上气血流动，拿思想来讲，我们这个杂念思想流动，做不到宁静，也是水在流。“水以土为鬼”，鬼就是官，管住了他。土是真意，到了一念清静，这时六处不动，真意制伏了妄念，所以土为鬼，土镇水就不起妄念了。

“朱雀为火精”，表示火的精神所在，天文有几个代号，坐北向南，以子午线为标准，左青龙就是东方，右白虎是西方，前朱雀就是南方，后玄武是北方。朱雀代表南方，南方有一个星座，把这个星座的线一连起来，刚好像一只鸟。因为南方属火，火的颜色发红，所以给他加上一个朱色就是朱雀。

“朱雀为火精”所代表的南方火，是光明气象。虽然无念，并没有昏迷；虽然清醒，并没有杂念妄想。所以“执平调胜负”，把身心两方面保持正平。“水盛火消灭，俱死归厚土”，你们大家学静坐，为什么心定不下来？心里头太清楚了，就是火太盛，所以定不下来。火代表妄想，要水来冲，火才灭掉。这个时候水盛就靠气血精气的充盈，妄想的心火才安定下去。“俱死归厚土”，最后水火相济归到中央戊己土。禅宗有一个隐山和尚有首诗，写的就是这个修行境界：

三间茅屋从来住　一道神光万境闲
莫把是非来辨我　浮生穿凿不相干

这是讲他用功的境界，就是“俱死归厚土”的意思。

“三性即合会，本性共宗祖”，三性水火既济，中间用土就是真意，然后所谓性命的境界就会到了，就是“共宗祖”。我们曾经发给诸位吕纯阳祖师的《百字铭》，也是这一段做工夫实际的境界。

第四十二讲

中黄真土与金之父
水火土相互关系
修丹道全在真意

中黄真土与金之父

我们来看朱云阳祖师的批注，比我讲的好得多了。“此节，言真土妙用能使三家归一也。”真土这个代号，我们知道是真意。“戊己二土，分属水火”，道家观念拿代号来讲，水火都是土。“水火之中，便藏金木，而终始不离于土”，这些都是五行的道理，就是把握土，也就是真意。下面用阴阳五行语言直接告诉我们，一个人“盖生身受炁之初，即有中黄真土”，当我们这个身体生下来，得天地一炁，开始就有中黄真土这个真意在其中。如果你们学过佛学的唯识，就知道婴儿没有第六意识，只有中黄真土。所谓中黄真土就是意根，就是第七识末那识。“为金精之所自出”，这个在道家的代号属于精，真的精神所在。“此金本是乾家祖性”，刚生下来的婴儿，虽然没有杂乱的思想，但是人性那一点灵明是有的。这一点灵明人性，是哪里来的？形而上的代号是“乾”，就是本体那里来的，宇宙万有共体的。到了我们身体内部是“中宫不动元神”，这个就叫做元神。

“只因乾金一破”，先天变成后天，我们这个生命“流入坤中”，坤卦代表阴，腹是坤，头是乾。“实而为坎”，坎就是我们所谓命门肾气，也包括两个腰子，左边的腰子为肾，右边为命门，学中医的就懂了。“坎中金精”，坎是水，水中有金，金生水，“便属戊土，即所谓金华也”。

“惟坎中真金，从乾父而生，故曰，黄土金之父。”此所谓颠倒！我们这个生命的来源，也是坎中代表的。譬如青年人精力旺盛，有形的精力也很旺盛，所以性的冲动很厉害，是坎中之水发动。老年人没有了，坎水干了，不是你的修养好，得了道，是你生命差不多了。但是修道的人不然，他还回到所谓颠倒颠。坎中的真金从哪里来？“从乾父而生”，从先天的生命本体功能而来。魏伯阳祖师的本文上一句“黄土金之父”，就解释这一句，朱云阳祖师花了很大的力气注解，如果我们再用白话写就更多了，可以写成一篇大论文。

水火土相互关系

乾卦是代表形而上生命的真谛，“乾之一阳，既入坎中”，变成我们生命以后，“中间换入一阴，破而为离”，乾卦三阳爻中间的一阳爻，变成阴爻而成离卦（☲），离中虚。换句话说，我们后天的生命，从乾卦变成离卦，虽然一个人头脑思想都很清楚，实际上已经不是本来的了，因为中间一点真阳破了，变成真阴而成离卦了。离卦代表太阳，这个时候，“正是坤宫真水，化出离中木液，便属己土”，木液是什么？肝脏。我们晓得肝脏的功能是生血，这肝脏属木，你把木气调养好了，血液自然好了，中脘好了，脾胃也强盛了。“即所谓太阳流珠也”，就是太阳流珠，人精神健旺。“惟离中流珠，从坤母而出，故曰，流珠水之子”，我们后天的精神哪里来呢？从坤母而出，还是要肾气健旺，气血兴旺精神就来了。“此言，三性之顺而相生者也”，三性是水、火、土，是相生的。

“坎中金精，是为太阳真火”，金精就是代表我们生命的液体，就是荷尔蒙、精液、血，是太阳的真火。太阳是代号，火也是代号，就是生命那个热能。所以人老了，口水也干了，就是坎中金精没有了。“离中木液，是为太阴真水”，所以肝脏能够藏血。“离中阴水，易至泛滥来克坎中阳火，坎中之火，乃生中央真土以制之”。修道要什么时候修啊？要你精神好的时候修，可是人做得到吗？年轻搞这一套，不肯干！像我们是年轻来干的，年轻什么都不管，先来修道，年老了来吹牛。普通人不然啦，年轻去吹牛，去忙事情，你叫他修道去，不去。等到要死了，所有精神消耗完了，要赶快修道了。那不是修道，那是养老啊！

你们什么时候打坐？白天太忙，事情忙完了洗把脸，快要睡觉时要打坐了，那不是打坐，那是要睡觉休息了嘛！那时打坐又有什么用呢？然后说坐了三个月还没有功效！怎么没有功效？你没有死掉就是功效，这是很简单的事啊！所以修道要精神旺健时修。我常常说，真要打坐先去睡觉，睡够了精神好的时候才来打坐，使太阳流珠不外放，能够制伏得住，静得住，那个打坐才叫修道，叫静坐。你们累得不得了时打坐，那是在休息；病得不得了再打坐，是想治病，你病不恶化已经功效很大了。老得没办法了学打坐，自己叫做修道，能慢一点死，那已经功效很大了。修道不是这样的啊。

有些人常常说，运气不好去学佛修道。我说佛和神仙不是倒霉人能修成功的呀！那是第一等不倒霉的人来干的啊！释迦牟尼太子皇帝不干，所以他成了佛；吕纯阳功名不要了，才成仙。你倒霉透顶来学佛修道，那叫倒霉佛、倒霉道。你们诸位要搞清楚这个道理，这是告诉你真话。我常常说，你要运气顶好的时候放得下修道，那叫做修道的。运气好，忙得不得了，谈修道？哎哟！慢一点啊，把这一点事情了了，把股票卖了，赚了钱我就来打坐。等你卖完了股票，是赚钱了，你的命也差不多了！这有什么用？这个道理就在此。

"故曰，水以土为鬼，土镇水不起。离中之水，能克坎中真火。中央之土，能制离中真水。"这一段我们只好念过去。"而坎中之火，又能生中央真土，所以水火相克，两下交战"，这是水火交战，修道有时候有交战的现象。你打坐做工夫有时候精神很低，要进步以前很糟，修得病也来了，精神也没有了，如果信心不够，就坐不下去了。西方人有句流行的俗语，"天亮以前有一段黑暗"，你信得过就行了，翻过去就到了，精神就来了。所以，"全赖中央真土，调停火候，不使两家偏胜，庶几各得其平"。这一段你们诸位去研究，不要太耽误时间了。上面讲了那些代号和一套理论，其实理论不是空洞的，不过大家这一方面太没有研究了，讲的人辛苦，听的人痛苦，都苦。

修丹道全在真意

下面一页第五行，他说直话的地方我们看一下，"所以丹道作用"，修行炼丹之道，"全在真意"，这个真意，不是杂念思想之意，是清净念谓之真意。"念头起处，系人生死之根"，注意哦！道家、佛家一样，我们人的这个念头、思想从哪里来？人一醒过来，眼睛还没有张开，思想就来了。这个思想念头从哪里来？所以这里告诉你，“念头起处，系人生死之根”。就像禅宗祖师问人，你父母没有生你以前的本来面目是什么。他不是指我们的父母，是说我们这个生命最初最初的，就像是问上帝是从哪里来？注意啊！这个念头的起处是生死之根！要弄清楚。

“顺之则流转不穷”，你看我们每天一醒来思想就来了，你说你打坐，打坐有没有思想呀？一定有思想，那就是在流转，你跟着那个念头思想流转不穷，流转就是轮回。“逆之则轮回顿息”，颠倒颠，你把念头完全清净归到了真意，就不入轮回跳出生死。所以禅宗讲一念不生、无念，念头空了就悟道了，那还早得很呢！

“于此起手”，从这里你才入门。所以你打坐修道还守窍，还搞气脉，说这个是道，影子都没有！那么为什么要修气脉呢？因为你把生理打通了，生理上没有障碍了，没有这里酸那里痛，头脑也清醒了，念头清净了，到了清净一念，也就是修道的起步。你不要认为只是起步的，起步的就是最后的，“即于此归根”，“归根”就是归到性命之根，在这里开始修了。“不可不知”，所以你这个搞不好，都不叫正统道家。

下面又用代号了，“离中真水称一性，坎中真火称一性。中央真土独称一性”，这个性，不是本性，是性能、性质的意思。这个性，“方其未归之前”，一念还没有得到清净以前，“强分三性”，有三个性质。水就是血液，与气、精神作用都不同，要三归一才一念清净，这是真意。“既归之后，方知三性，本来只是一性”，是一体的三面。所以《易经》的道理，“最初，太极函三，浑然天地之心，不可剖析”，“太极函三”就是古代祖师有一个圆圈代表一阴一阳，禅宗圆圈里头三点代表了太极函三，前面已经说过。这个本体就包括了这样东西，所谓在宇宙天体的现象是日、月、星三样；在人是内在精、气、神；外面是眼睛、耳朵、鼻子。

所以最初的三样东西是一体的，“浑然天地之心”，这个“浑”字注意哦！这个名称是庄子提出叫“浑沌”，当然不是我们的菜肉馄饨。混沌是一个阴阳混合的，整体的，没有破损的。如果我们拿佛学来比喻，佛学有一个名称叫无漏之果。完整无漏的是天地之心，“整体合一不可剖析”，中间没有一点渣子。

“因混沌一剖，水火遂分”，整体分开为水火，就分阴阳。“上下两弦”，就是与月亮上半月、下半月一样。“并中土而成三家，此由合而分也”，那么我们现在就是精神分开了，性命分开了，气血分开了，不能凝结为一，凝结回来就是结丹。“后来两弦之炁，由分而合，戊己二土，销归中央，依然一个宗祖”，归到一体，这就简单了。

“张紫阳所谓，追二炁于黄道，会三性于元宫是也”，就是这个道理。“故曰，三性既会合，本性共宗祖”，这个丹书道经里头，经常用男女夫妇关系来说明，它只是个代号。“初云夫妇，以两性相配而言也”，是引用比喻。“继云父子”，有些书上接着说，夫妇结成以后又生出一个人来，所以我们自己后天这个性命会归为一，就不必经过男女结婚，在自己这个肉体上另外产生一个生命，可以不死的。这个道理，“言两性之所自出也。究云宗祖，乃并为一性矣”，最后还是明心见性归一性。夫妇是比喻，炼丹的不要搞错了，不要搞成采阴补阳，采阳补阴，那就是妖道了。“夫妇喻坎离”，是比喻水火之用，“父母喻乾坤”，拿哲学来讲，父母比喻形而上道体的阴阳作用，夫妇比喻形而下的阴阳作用，“是为两仪四象”，两仪就是阴阳，而生四象。“宗祖喻中央祖土”，这个宗祖的意思比喻中央的道理，“便是返太极处”，返本还原，“归根复命之妙，于此可见”。

第四十三讲

真土对伏食的重要

还丹和精气神

人元丹

外丹和三尸虫

脾土 间脑 神通

真土对伏食的重要

讲到丹道的“伏食”，所谓修持的方法，就是怎么样结丹。也就是说利用我们现在这个生命，生生不已的功能，产生新的生命，这个叫“丹”。这个结丹，道家讲是“先天一炁从虚无中来”，很自然地再回到我们这个身体上。伏食也就是“一粒金丹吞入腹”这个道理。

在佛家，这属于四禅的境界。所谓气住，呼吸之气停止了，乃至浑身十万八千个毛孔的呼吸也凝聚拢来了，非常凝聚，所以气住。进一步的现象是脉停，血液的流行也进入静态。当生命的功能用完死亡时，肉体毁坏就有气住脉停这个现象；但相反的是，悟道伏食的人，生命功能充实到极点也一样有这个现象。用代号来讲，当阴极时，就是死亡的现象；修道的人所谓阳极，也有这种现象。等于我们讲物理学的作用，宇宙间任何的力，总有正反两面的作用，所谓有离心力、向心力这些两极作用的区别。

现在这一章所谓“真土造化”，是以中国文化五行的原理说明的。所谓土，我们再三提过阴阳五行的道理，“四象五行皆藉土，九宫八卦不离壬”。这个土所代表的，大家已经知道叫做“真意”。这个真意不是佛学所讲的妄想，而是真正的真意。真意属于五行之土，但是这个真意，这个土，如以世界人类文化来比喻，就非常清楚，万物都靠这个土地而生长。我们今天活着，就靠生命这一点真意，而普通所谓意志、志向这些名称，都属于第六意识的范围。第六意识就是我们思想的范围，这个是属于土，但不是真土。所以道家把这个土分成四种，学过阴阳五行就知道，譬如地支子、丑、寅、卯、辰、巳、午、未、申、酉、戌、亥十二时，以五行分类各有归属。辰、戌、丑、未这四个时辰属土，其他四个方位都归到辰、戌、丑、未这四种土。

现在我们讨论的这一篇，强调这个土，这个真意的重要。要想修成长生不老，返老还童延年不死之法，重点在真意怎么样能够达到伏食的境界，所以叫真土造化，是真土变出来的。

还丹和精气神

现在回到原文，“巨胜尚延年，还丹可入口”，“巨胜”是草药的名称，又叫胡麻，种类很多，不止这一种，可以延年。古人书上讲很多修道的药，譬如云母、松枝、茯苓、天门冬，各家的用法不同。古人所谓黄精可益寿，黄精是一种植物的根，在江西等地有些山上很多。虚云老和尚在动乱时代被打得半死，晚年在江西的云居山，那是出黄精有名的地方，虚老活到一百二十岁，可能是吃黄精有帮助。我也吃过黄精，蒸起来像红薯一样，不过比较难消化，吃了不大会饿。历史上记载，汉朝时发现山上有个似人非人，一身是毛又会飞的，抓住是个女的，一问之下，她是秦始皇天下大乱的时候，与家人逃散了，她一人跑到山里，无衣无食只好挖草根吃，慢慢就长起毛来也会飞了，已活过几百年。现在本书里提到外丹“巨胜”，像胡麻、黄精等等之类，“尚延年”，人吃下去可以改变心性，也就是由物理改变心理，可以延年益寿。

我们自身有最好的长生不死之药——精、气、神，平常我们都是向外消耗，把自己的精气神尽量地用，放射，用完也就死亡了。如果不放射，回转来把自己的精气神凝聚起来，就叫做还丹。所谓“还丹可入口”，不是入这个嘴巴的口。我们上次讲过头顶上有一个口，现在封住了；婴儿的时候这个头顶开的，这是个大口与天地通。等到婴儿头顶上封口不跳时，他就会讲话了，也就是有了后天的意识，切断了与天地的往来，生命成为一个自己的宇宙了。古人所谓修道，是把这里重新打通，与天地精神又相往来的意思。

道家所讲丹分三种，天元丹、地元丹、人元丹。地元丹就是五金八石靠药物的，这也是修神仙之道的一派，所以这一派是医药的祖师。靠药物改变一个人的生命，使他长生不死，这叫做外丹。外丹多半是植物、矿物这一类锻炼而成，也有用动物的，但是少，譬如说用紫河车，就是胞衣，也是中药。古来的道家有一派为了取得胞衣，把孕妇弄死了的很多，这个就是大法变成外道、邪门。所以你要研究中国的药，人体头发、指甲、大便、小便没有哪一样不是药。譬如小便叫人中白，当年厕尿是用木桶接起来，日久桶边结层白霜，刮下来就叫做人中白。人中黄就是大便。有时候某一种病你还非这个药不可，不然就死人。又譬如牛黄马宝，你说是什么东西呢？就是牛、马身上生的肿块。牛马有了宝，一天天瘦下去，最后很痛苦地死去，死后肚子解剖取一块石头那么大的，就是牛黄，非常贵，中国人拿这个牛黄做杀菌消炎的。所以天地间的生物很怪，很毒的东西往往变成救命的好东西，可是前面的生命，就因这个好东西而丧命。

人元丹

人元丹是什么？就是本身的精、气、神。天元丹就难了，只有地元丹、人元丹修成功的人，顶上这个口开了，才能与天地精神相往来，这要有很多善行功德的人才能修成。所以青年们来问佛问道我最害怕，我总叫青年人不要学这些，先学做人，从人道做起。人都做不好，你还想成佛成仙，有这样便宜的事吗！仙佛之道没有不从人道开始的。一个仙佛成就，自然有天元丹来，天元丹等于什么呢？我常说，那是真正佛教密宗所讲的灌顶，是诸佛菩萨把他成就的东西给你灌下来，那也就是与天地精神相往来连成了一气，那也叫做入口。

在没有修成功以前所谓“还丹可入口”，这个口不是指这个嘴巴，也不是指上面，是心！就是我们的心。古人把心脏的部位，心窝的部位作为标准，入到心里去也叫做入口。

“金性不败朽，故为万物宝”，五行的金木水火土的金，代表本性，能够发光，能够长久地存在，能够颠扑不破，所以拿金来比喻。我们人类货币以黄金为本位，这个世界人类重视黄金，因为它可以代表商品价值，它发光发亮永久不变。实际上这个东西除了道家把它炼成丹药以外，是吃不得的，吃下去会死，不是中毒死，是因金子重而下坠，把胃肠壁穿孔了。金性是始终不败不朽的，所以黄金变成万物之宝。

本书非常注重人元丹，即所谓内丹，是身体内部的生命本能炼回来的作用。外丹很危险，所以不大被重视。神仙之道能够吃黄金的很难，须把黄金锻成粉末。现在科学进步了，还可以把黄金变成液体。古人不用化学药品，用植物就可以把黄金变成液体，当茶喝下去，那个本事真是化学物理的祖师爷。像水银、砒霜这些毒品，都是炼丹用的，我试过，你们可不要随便玩，那真是会死人的！

外丹和三尸虫

为什么道家要吃这些毒药？他说人体有三尸虫，道家还给它取了名字，三尸虫都姓彭，姓彭的不要见怪，不是我取的。把三尸虫杀掉以后，人就可以常生不死。这个肉体，每个毛孔里都有寄生虫，心、肝、脾、肺、肾都有寄生虫和细菌。我们一餐吃三碗饭，人真需要的热量只要半碗饭，那两碗半包括牛肉、青菜、萝卜的营养，都是帮忙我们身上的那些众生，是那些弟兄们吃的。所以它们愈养愈大，我们是愈养愈老。所以这个身体里头是个活的大世界。佛家修白骨观、不净观，把那个细菌描写得有多少嘴巴多少个头，都在吃我们的血，那倒也是真的。

所以道家的办法，是吃这些毒药下去，把三尸虫杀掉。可是如果吃过分了，自己也会吃死，因为你在杀生嘛！内部靠你寄生的生命，都被你清理完了，这是大杀生啊！所以你们说不杀生谈何容易，吃一颗消炎片已经不晓得杀了多少生命了。吃其他药物也可能杀生，即使吃一根辣椒下去，也可能辣死很多生命，也是杀生！我们身体里头弟兄们不少啊，那都是同胞，真正的同胞们都在细胞里头。但是，我可以站在道家的立场讲句公平话，也不要反对外丹，外丹有外丹的理由，不过一般人不要轻易去炼，随便得了一个方子泡酒喝，想长生不老，唉！你大概想要快死吧！五脏六腑不能偏的，补肾也好，补肺也好，你偏补了一样，别的就受损害，所以要使它均衡。补药绝不能乱吃，没有什么是真正的补药，清理内部才是补。等于这个房子墙坏了，里头乱七八糟都不清理，就用水泥把它补起来，坏的东西都在里面，它会在里面捣乱。所以，补药素来是很难用的。

现在我们回到本书，因为“金性不败朽”，所以“为万物之宝”。“术士伏食之，寿命得长久”，本书作者魏真人看不起外丹，他认为吃外丹的是术士。术士在中国过去的文化并没有坏的意义，历史上这一类人的传记就是方技传的一部分。方技是什么呢？方就是方法，包括这些神仙炼制化学药品都属于方技，等于现在所谓工业技术、精密技术一样，有一套理论，有它的技能。在正统的道家看，这些炼外丹的方技之士叫做术士。服食黄金这个物质，可以使术士寿命长久。

脾土 间脑 神通

“土游于四季，守界定规矩”，这本书把“土”字错印成“士”了。他说我们这个精神生命，这个真土，就是真意，我们的真精神游于四季。四季就是春夏秋冬，春夏秋冬气候的变化都是这个地球“土”的变化，同这个虚空没有关系。地球四季的变化不同，地质起的作用也不同。在我们生命里，土是脾胃。中医有一派金元学派，我讲过的，当金、元天下大乱时，学医的人特别发达，因为乱世病也多死人也多。北方的金元学派主张任何病先治疗脾胃，肠胃一健康其他的病就好办了。譬如人感冒肠胃一定不好；换句话说，肠胃不好，所以容易感冒。肠胃绝对健康，感冒病菌进来，经过胃就消化掉了。中医书上太阳的病“传”到太阴经、少阳经……这个“传”是什么？是进一步慢慢地感染。感冒开始，细菌进来在鼻腔，慢慢到呼吸系统，不治疗就到肺部了，一步一步感染，这叫传。假使这个脾胃特别强，也就是火力消化的锅炉特别强，细菌一传到脾胃就被化掉了，病也就好了。

现在讲到修道的脾土叫中宫，所以有些道家守这里，不守上窍。说到上窍，不是人人可以守的，我再三强调，因为看到现在传道的佛家、道家、一贯道二贯三贯的，叫人守眉间这里，这里有什么？这里有一块骨头，这个东西哪里来？是佛教禅宗白骨观的三十几种方法里头的一个小方法，他拿到当宝贝了。年纪大血压高的人不能守这里，危险得很！何况上窍并不是在这里，是从这里进去，后脑相同位置对进去，两边也对进去，在这个中心交会的那个点，现在医学上叫间脑。间脑的作用，在医学还是个谜。现在医学正在研究人为什么有五通，有神通有灵感，都是那些间脑的作用。间脑就是那么一点点大的白浆，死的时候就硬化了，活着的人才有。这个东西是很奇怪的东西，所谓金津玉液，醍醐灌顶，就是间脑下面脑下垂体的荷尔蒙。我们人的脑十二对神经，雷达一样向外面伸，间脑等于这个雷达中心，所以人会有神通与这一部分的关系很大。

所谓中宫是胃，其实也不是胃，是在心窝横膈膜之间。我们研究道家、佛家做工夫，我常常告诉同学要留意科学，不要轻视科学，也不要轻视自己的古文化医学。有人动不动就说那个不科学，说这话的人一定头脑不科学，他一定没有学过科学，学过科学的绝对客观，那才叫做科学。对于现在的医学，我们更要注意，因为医学的知识可以帮助你修道学佛。所以下丹田，当然不是肚脐下面，这个里头有个道理，所以我们要研究。

第四十四讲

先天一炁如何得

土和四季内脏

荒诞的采补

伏丹后的变化

前面讲到“土游于四季，守界定规矩”，这个四季刚才讲到在身体内部，心、肝、脾、肺等等，各有各的作用。“金砂入五内”，这个“金”字就是比喻金丹，伏食，真得到那个境界进到身体内部来了，道家后世俗话所谓工夫上身了。工夫上身，身体内部就有感觉，就有变化。“雾散若风雨”，心里头的云雾，像风雨一样吹散了。“熏蒸达四肢，颜色悦泽好，发白皆变黑，齿落还旧所”，真到了那一步就是返老还童，头发白的变黑了，牙齿掉了重生，眼睛看不见的又看见了。“老翁复壮丁，耆妪成姹女”，老头子变青年，老太婆变少女。“改形免世厄，号之曰真人”，到了这一步是返老还童，把这个肉体整个变过来，成为真人。

先天一炁如何得

朱云阳祖师的批注也非常好，舍不得把它抛掉，大概读一下。“此节，言伏食之神验也”，讲到结丹，真到了那一步工夫，有它的神效。“三性会合，便成金丹”，精、气、神会合，可以讲就是“水火既济”，水火既济靠什么？靠这个津液调配。“吞入口中，便称伏食，迥非旁门服食之术也”，所谓旁门，并不是骂他们不对，不过走的是偏门，结果还会回到大厅堂里头来的。“世间药草，如巨胜之类，尚可延年益算”，增加寿命，“金性坚刚，万劫不朽”，物质世界里头黄金是最坚固的，“岂不为万物中至宝”，修道拿黄金来比喻。“道术之士，倘能伏此先天一炁，寿命有不长久者乎”。这个我们要研究了，我晓得最近几十年，道家的书出来很多，大家都乱看，这里又是密宗，那里又是道家，听了头都昏了，不晓得“先天一炁，从虚无中来”，这虚无从哪里来？怎么有个炁从虚无中来？为什么称先天？

“先天”两个字是根据《易经》乾卦，孔子的《系传》里说“先天而天弗违，后天而奉天时”。先天就是宇宙没有形成以前，一切万物生命还没有发生以前叫先天。宇宙万有开始生发，这个功能哪里来？生命功能又是哪里来的？是靠先天来的，所以乃至天地宇宙都没有办法违背的，生命都在这个范围以内。我们有了生命以后叫后天，这个后天的生命奉天时，既然有了有形的生命，背后有个功能，这个功能是先天来的，有一个规律有一个法则，那是不可能违反的。譬如人生下来要一岁、二岁、三十岁才到中年，不会一生下来就到三十，不能跳过去。所以后天返回先天时，需要按它的步骤来的。自然界看起来是没有规律，看到这个草啊、树啊乱长，其实它一点都不乱，不规律里头有它的规律，那是后天。就是孔子在《系传》上提出来的先天、后天的名称。有一位禅宗的祖师傅大士，历史上都说他是弥勒菩萨的化身，儒、释、道三家都通的，也是梁武帝的国师。他有个偈子很有名——“有物先天地，无形本寂寥，能为万象主，不逐四时凋。”就是讲这个先天。天地宇宙万有没动以前，它已经存在，它没有形象，宇宙万有都靠它生发。

我们现在后天的生命，是靠鼻子的呼吸维持，靠嘴巴吃万物，伤害别人来维持自己的生命。菜也有生命，吃素也杀生，现在科学已经证明了草、花、菜都有感应的。修道到了有“先天一炁”后，就不靠后天的呼吸，不靠嘴巴了。大家修呼吸法，我经常笑你们冤枉，鼻子的呼吸是生灭法，有生有灭，有去有来，不会永远停留在那里。你专门跟这个生灭的事打交道，要想求不生不灭，长生不死之道，可能吗？工具都用错，本钱都用错。所以这个气不是鼻子里头的气，道家告诉你，“先天一炁”不是这个气，因为这个气是一往一来生灭，它永远不停留的。

有人练气功气聚丹田，肚子大大的自以为有道，实际上肠肥脑满，快要翘辫子了。把气鼓在这里，没有道理的，你做个气袋，然后把气打进去，叫这个气只准在一处，不准流动，那可能吗？我们人体就像是个袋子，气进来它一定四面充满，气留在一处会结块就生瘤了。所谓气沉丹田，真正的丹田是无形无象的。气全身都充满时，精神就好了，精气神来了，也就是“先天一炁”。所以修道家是不用那个气，还是用我们原始这个“无火”之谓炁。

“先天一炁”就是不呼不吸，这时候我们后天呼吸宁静了，身、心、性命都空了，没有感觉了，这时所发动的生命功能叫“先天一炁，从虚无中来”，要自己完全空到极点，清净到极点才能发生，并不是说“先天一炁”从虚无中给你掉进来。你那时本来就在虚无中，还要掉进来什么！这个有形的呼吸也在虚无中啊！所以，从虚无中来是看你身、心、念头空到多少，它的功能就发动多少，真空中就生出妙有来。如果空都空不了，还想求妙有，做不到的！这个“先天一炁”是不生不灭的，刚才提傅大士这个偈子“不逐四时凋”，它永远不生不灭。这一段说明这个“先天一炁”，所以伏食是真气来了。真气在佛家天台宗叫做真息，息者不呼不吸了，充满，宁静，停止，这个叫真息。

土和四季内脏

现在他解释土是什么，注意它的解释。“戊己二土，本无定位，周流四季，在东则为辰土，在南则为未土，在西则为戌土，在北则为丑土。”刚才提到地支十二个时辰，辰、戌、丑、未四个时辰都是土。你们学阴阳、学风水、学奇门遁甲的，读懂了道书就更高了，他这里给你分析得很清楚。在东属木，在人体内部的肝脏属辰土；在南就是心脏，南方属火就属未土；肺是西方，戌土；北方壬癸水肾脏，属丑土。所以辰、戌、丑、未四个都是土，方位也不同，它的观念性也不同。学中医的更要注意，因为中国的医学理论是建立在道家哲学基础上；西医的理论是建立在物理实验的基础上，所以两个文化基础不同，一个从物理文化、唯物文化来，一个是唯心文化来；也就是一个是哲学系统来，一个是科学系统来。其实西医、中医都有最高的一面，不要偏颇。身上长一个东西，要靠西医科学仪器检查出来，三个指头把脉是摸不出来的，虽然也有高明的人，但一般半吊子是靠不住的。尤其现在有了扫描技术，更清楚，靠指头，靠意想，很难准的。所以中国人有四句俗话——“肺腑而能语，医师面如土”，五脏六腑如果会讲话的话，那个肝在里头讲话了：老兄，我没有病，那是肺部的事情。医师听了就脸色如土。“山川而能言，葬师食无所”，山川如能言语，看风水、看地的人也就没有饭吃了。

所以讲到土，他讲肝、心脏、肺、肾同土什么相干？因为土是脾胃，与任何部位都有关，哪一部位出了毛病，就是那部分的生命功能差了，都关系到脾胃。所以真土在这个肉体生命中，就是生命的一个能，看不见摸不着的，年轻很旺盛，老年就衰了；在心理精神方面，就是真意，就是意志。所以这个土有四种，因四季而不同，也因部位而不同。本书前面讲到“周流四季”，这个真意并不固定在一处呀！譬如你们在座很多学打坐的，学佛的也有，修道的也有，修密宗的也有，学显教的也有，有时你工夫都用在头上，头昏昏的又重，又下不来，这是什么道理？就需要懂得活用，“周流六虚，变动不居”的道理，这是孔子在《易经》上讲的话。

所以道家有活子时的说法，活子时是什么呢？后面的注释，“十二时意所到皆可为”，十二时就是昼夜各六个时辰。宇宙的子时是夜里十二点整，但是人体的生命是一个小宇宙，它另外构成了一个天地，而且每个人的时间观念都不一样，所以十二时意所到，这个是真“意”，懂了真意，就会做工夫了。

“木火金水无非土之疆界，作丹之时，赖此土以立中宫之基。”这就是真意。“中宫之基”是什么呢？简单拿儒家的话说，就是诚意正心，这个时候心绝对的正！在座的许多朋友修道学佛都有几十年经验，你在某一种时候瞎猫撞到死老鼠，不是你的工夫到了，可以说是工夫碰上了你。偶然那一下，心念很清净，身体也很端正，非常宁静舒服，那个时候正是中宫土归位，是真意，没有杂想没有妄念。可惜是工夫找上了你，不是你做到的工夫。如果你做到了“十二时辰意所到皆可为”，都在这个境界中，那你这个修道做工夫就快了。“伏丹之时”，气住脉停“仍赖此土以定四方之界”，各归本位。“故曰，土游于四季，守界定规矩”。

荒诞的采补

这一段完了，又起一段解释什么叫金丹，“金砂，即还丹也”，注意这个字，修道成功了，九转还丹。什么叫还丹呢？我们生命本来有的长生不死之药，自己把它消耗掉了，现在修了半天，修回来还是自己原来的东西，回归自己叫还丹。不修行不修炼，这个东西就同后天生命一样忙忙碌碌跑掉了。所以金砂就是还丹。“盖两物所结就者”，千经万论所指的两物，就是我们的神和气两样结合。所以，“入五内，即是入口，盖指方寸而言”，他解释入口并不是嘴巴吞进去到五脏六腑，而是刚才我讲的真到了诚意正心，“非服食之邪说也”，这不是服食的邪说。

有关邪说方面的太多了，道家流行的所谓采补一派，有采阴补阳，有采阳补阴。现在人很少听到过，我们当年不但听到过，还看到过，一看怕死了！明朝历史上发生红丸案，就是皇帝修道吃红丸死的。红丸是什么呢？是道士拿宫女的月经炼制而成，吃得这个皇帝七孔流血而死。那么，这个东西是不是药呢？刚才讲到人体男精女血没有哪样不是药。还有些采补的，用一个吸管套进童男童女身体的内部吸取，认为也是长生不老之药，五花八门无奇不有。所以说我们这个民族，文化是了不起，但文化的渣子也真是又多又坏！

讲到这个明史红丸案，这个道士也倒霉，他也死啦。修道修神仙何必到皇帝前面拍马屁呢！已经做了皇帝还能够当神仙吗？世界上哪有那么便宜的事！修道本来比做皇帝还清高，你干什么在皇帝旁边转啊转？有些药没有错，但皇帝吃了非死不可。因为这种药要遵守几个原则才能服用，要离情绝欲，男女关系绝对没有，而且是五谷不吃，只能够服气。这种药偶然借用一颗下去，已经够了，身体内部就转变了，再也不能吃第二颗。他们当皇帝宰相的，已经功名富贵，吃下去以后精神健旺，男女饮食什么都来，七孔流血还是客气的，要十万八千毛孔都流血而死才对。所以，正统的道家对这一类的方技所制的丹剂，非常痛恨。其实外丹方剂也是中国医药的一种，是可以治病的，偶然吃可以，病好了就不吃，连续吃会吃出问题来。真正的神仙长生不老之药，还是靠内部自己的锻炼。这是他解释这一段的意义。

伏丹后的变化

再说下面“雾散若风雨，以下俱是伏丹后，自然之验”，他说这风一下雨一下，都是描写还丹以后自然的效果。“丹既吞入口中，灵变不测”，真正得到气住脉停，真丹回来以后，那真是变化莫测！内部起的变化多啦！“周身八万四千毛孔”，他用八万四千，佛家用十万八千，我想体质不同，毛孔多少也不同。“若云腾雾散”，浑身每一个细胞都起了变化，如云飞如雾散，“风雨暴至之状”，像暴风雨一样。气发动的时候很吓人的！所以小说上写成走火入魔，其实是自己生命功能起的一种变化，加上自己心理幻想就入魔了。心理端正的没有关系，只看这个身体内部怎么变，充其量最后一个字：死！死都不怕还怕什么变化。

过来以后是无比的宁静，“四肢自然熏蒸”，一定要经过这个阶段的。现在大家尽管听了，你说听了以后修道懂了，对不起！你真到了那个境界，出现了那个现象，如果不被吓倒你就可以成仙了。所以《金刚经》上佛也说，学佛的人都想得到空，如果真到空的境界而不恐怖的，那就行了。很多人学佛碰到了空，哎呀！老师，昨天念经打坐，坐到我都没有了，吓死了！那你还学个什么佛？你本来求的是空嘛！空来了，又吓死了，那有什么用？所以这里说“云腾雾散，风雨暴至之状”，那个发动，那个难过，好像台风在里头吹，你不吓死才怪！这个是一个阶段，要经过这样，过了以后风平浪静，“四肢自然熏蒸”，身体内部每个细胞都充满，像上了蒸笼蒸软一样的。

“颜色自然悦泽，发白还黑，齿落转生，老翁复成壮男，老妪变成姹女”，老太婆会变成少女了，这个时候还没有跳出三界外，只能说不在五行中。这两句话有个层次的。“劫运所不能制”，道家叫这个是逃出了生死的玄关。在人体上也有部位会打开了，劫运限制不住你了，你要活多久就活多久，所以“造物所不能厄”，上帝、玉皇大帝、自然宇宙没有办法困扰你。所谓“任他沧海成田，由我逍遥还自在，号之曰真人”，这个是得道了，“不亦宜乎”，就是这个道理。

第四十五讲

同类相从章第十二

水火相变化成丹

一阳来了怎么办

阳火 阴火 真火

太阴真水妙用

同类相从章第十二

胡粉投火中，色坏还为铅。冰雪得温汤，解释成太玄。金以砂为主，禀和于水银。变化由其真，终始自相因。

欲作伏食仙，宜以同类者。植禾当以谷，覆鸡用其卵。以类辅自然，物成易陶冶。鱼目岂为珠，蓬蒿不成檟。类同者相从，事乖不成宝。燕雀不生凤，狐兔不乳马，水流不炎上，火动不润下。

世间多学士，高妙负良材。邂逅不遭遇，耗火亡资财。据按依文说，妄以意为之。端绪无因缘，度量失操持。捣治羌石胆，云母及矾磁。硫黄烧豫章，泥汞相炼飞。鼓铸五石铜，以之为辅枢。杂性不同类，安肯合体居。千举必万败，欲黠反成痴。稚年至白首，中道生狐疑。背道守迷路，出正入邪蹊。管窥不广见，难以揆方来。侥幸讫不遇，圣人独知之。

水火相变化成丹

“胡粉投火中，色坏还为铅。冰雪得温汤，解释成太玄。金以砂为主，禀和于水银。变化由其真，终始自相因。”这个完全讲矿物质化学的道理，有一点要特别注意的，朱云阳批评外丹都是靠不住的，想用外丹来改变生命是有问题的。他注重内丹，所谓内丹，是以我们人本身的精气神为主。我们晓得精气神修炼成功，这个生命就可以永远保有，但是如何去凝结拢来，理论上容易，做起来很难，也就是这个伏食很难。因此，他尽管讲外丹的不对，我们不要因此全盘否定外丹。《参同契阐幽》也被许多道家修外丹的人奉为最要紧的宝典，道家原始的药物化学也是根据这个理论来的，也就是讲药物本身的变化。

我们看注解："此节，正言水火同类，相变化而成丹也。"朱云阳真人把它点出来啦，他说水火两个也是代号，在我们本身，是同一个作用。水就是我们身上的液体，所谓荷尔蒙对修道人很重要。荷尔蒙中文意译是内分泌，在医学上的作用还不敢太确定。总而言之，年轻人的精神特别好，身上生生不已的功能特别强，年老就衰了，不管男女都一样。这是水、火变化，生命活力的变化。

现在外面密宗很流行，密宗有修拙火的。最近来了很多喇嘛，不是西藏来的，是边区来的，一般人就叫他活佛、喇嘛。活佛是个统称，在中国过去，元朝时的封号叫呼图克图，就是活的佛。活的佛也就是法宝，佛法的宝贝。但是正式的活佛，没有几个。过去元朝的癹思巴大师，十五岁做忽必烈的国师，三十一岁被封为大宝法王，后来的大宝法王是继承他的系统来的，是宝不是宝就不知道了。现在来的有些小的叫仁波切，藏文仁波切就是活宝，像是我们幽默人的话，活宝；有时也恭维人，是个宝贝。昨天有同学说外面传言，那些仁波切来了，南老师都向他们磕头，可见南老师还向他们求法。我这个人连楼都不下的，管什么仁波切、波切仁，哈哈！就当笑话听了。

有些人打坐观想，自己一身发烧，认为拙火动了。实际上那叫做发烧，不叫做拙火动。真的拙火发动了的人，没有发烧现象，也没有火光现象，夏天大太阳里头反而清凉，不流汗，冬天在大雪里不穿衣服也无妨，那叫做拙火发动。拙火是个形容的名称，如果一身硬是有发热的感觉，千万注意，那就是发炎了，不过这种发炎检查不出来，在西医病理上还没有。中医有叫做"骨蒸"的，自己感觉身体里头发烧，可是量体温没有升高，但很难受。譬如过去某某委员，修道家、密宗，开始认为自己得了拙火定，也有神通。他来跟我谈过几次，我说，对不起，你这个不是得道，也不是拙火发动了，你赶快看病！他就是得了这个毛病。骨蒸有各种因素，遗传或者后天因素，因为本身就有病，由于打坐而爆发出来，不是打坐坐坏的。打坐有时也要配合医药，爆发了并不是坏事，如果懂医理调整，工夫到了这里就可以进一步，不懂得调整就很痛苦。

所以现在提到水火两个东西，并不是经常有个水在流，有个火在烧，那就不得了啦！这是形容词，是指水火的作用，但是不能着相。不管道家佛家，着相都会成问题。这是个原则，据我所知是如此。现在说水火是同类，看道书很困难，普通看水火同类就这么看过去了，仔细研究这四个字，我们实在没看懂。第一水跟火绝不同类。第二你再研究水的同类是什么呢？火的同类又是什么呢？都是问题。不能认为中国字认得就看懂了，古人说，读书要顶门生一只眼，不是这两只眼读，是头脑有智慧去思考。

“水火同类，相变化而成丹也”，我们普通说水火的变化，火多了把水烧干了，水大了把火灭了。这水火是什么？说我们打起坐来一身发烫啦！我起火啦！起火怎么样？自己烧化啦。那是有的，是得阿罗汉果位的人，要走的时候，跟大家宣布说再见，两腿一盘自己打坐起火烧了，不用外力引火。这个在古人叫“三昧真火”，那不是普通的火。朱博士前两年从美国回来告诉我，国外有许多记录，一个人自己会发火烧了，朱博士就问我这是什么毛病？我说这个很值得研究了，像这样的资料很多。昨天一个朋友谈起，一个美国人开车，停了车坐在车中睡着了，睡醒以后一看自己两个手膀子烧了！不晓得哪里起火烧了，里面都烧成焦炭，可是皮肤外的毛也没有掉，可见道家讲人的身上真有水火。有形的火是什么东西？譬如一个人性的欲望特别强，我们中文形容欲火中烧。古代医学公案，因为欲念特别强，自己压制，压制不了的时候起了火，被自己欲火烧了。所以人身上这个生命的变化有这样大。“水火同类，相变化而成丹”这一句话，我们要仔细做学理的研究，还先不要做工夫，因为学理不懂，工夫不能做。

一阳来了怎么办

他下面解释。“何为同类，人但知坎为水，不知坎中一阳，本从乾家来，正是太阳真火，阳与阳为同类。故坎中真火，恒欲炎上以还乾。”他说我们一般人只晓得坎为水，坎卦在《易经》跟人体生理的关系，代表了两个东西；在头部坎是耳朵，耳通气海，你们如果研究过针灸，我们肚脐下面有穴道，所谓关元、气海就在这里。第二，这个坎卦在身体为肾，中医所讲的肾包括腰子在内，右为命门，代表生命的根本，管生命的功能作用；左为肾，管水液。中医讲由脑下垂体起到下面肾上腺，这一连串下来都属于肾。现在青年人研究中医看到这个肾，就把它当两个腰子来治病，我真不知道说什么好。病的来源很不容易认清楚的，譬如刚才吃晚饭时有个同学讲胃溃疡，我说胃溃疡是你的病象，为什么你有胃溃疡？病源是什么？中医治病要治病源。

现在讲坎为水，大家都晓得坎卦代表水，代表一个现象，外面二爻是阴，中间是阳。坎卦、坤卦都代表女性，乾卦、离卦代表男性。坎为水，方位代表是北方，水代表肾脏以下的这一些。譬如说女性这个月经，这是水，所以在中国医学，女性月经的名称叫“天癸”。壬癸都是水，壬是天水，形而上的，癸是形而下的。水代表什么呢？不管男女，代表的是生命力强，荷尔蒙充沛，性腺特别发达，所谓青春之意特别发达，这就是坎卦的水强。女性本来是坎卦属阴，阴中有至阳；男人外表是阳是离卦，其生命的中心有至阴之气。所以这个地方一反一覆，是一个先天一个后天的变化作用。

所以他说人们但知“坎为水，不知坎中一阳，本从乾家来”，坎中一阳是从乾卦来的，这一爻代表阳气。怎么说呢？譬如像伍柳派的道家，教我们什么活子时采药，不管男女，睡够了睡醒了，尤其是男性，阳气动了，阳举了，这个时候，伍柳派认为水源还是很清的，没有欲念，赶快起来打坐，说是降龙伏虎，因为这个老虎要下山吃人了，赶快把它降伏下来，打坐把它化掉。这时不是马上起来屙尿，怕阳气跑掉，坐到了化掉这叫做采药。所以药叫自家水，女性也是这样。这样讲法对不对呢？也有点对，不是完全错，尤其在座的老年朋友，照这个方法，能够百把天半年下去身体一定会好。但是中间千万不要有欲念！男女欲念一来，这个水已经变浊了，水源浊了就不要采，不要收回了，干脆去小便或者打拳。

现在学拳的没有这样学啦，我们以前年轻时想练真工夫，要怎么练呢？那很苦了，没有在床上规规矩矩睡，乡下的木板并拢来睡，锻炼筋骨要坚固。一睡醒阳举了，不去屙尿，要把这一泡尿都打化，出了一身汗，然后尿也没有了，这样叫做练工夫。为了练工夫，尿也不敢尿，屁也不敢放，都是元气，放了屁元气漏了，屙了尿可惜了，就好像掉了黄金一样。后来我发现早晨不屙尿，几趟拳打下来，拼命哼！哈！一身汗流出来，三个月后好像每一个人脸都发黄了。以前老师说这是工夫，搞了半天我觉得这是毛病，但还不晓得叫黄疸病。

像有一种工夫叫做童子功，就要这样练！童子功练了以后这个男的就不能结婚了，结了婚就不叫童子功了。那是很厉害的，真是一拳出来可以打死条牛没有问题，这个工夫是死练的。同道家讲的阳一举活子时来，就要把它坐化，同样的用法，不同的功效。至于早晨起来不屙尿，坐化了以后再去小便，在道家叫做文火烹炼；而那个练武的，这泡尿硬把它练化变成汗出来，这是武火烹炼。像这些我小的时候都经验过，我是什么事情都玩玩，过不了两个月，不干了，晓得这东西不好玩，不来了。

阳火 阴火 真火

这是讲到坎中一阳本从乾家来。我们睡醒了，精神饱满了，阳气充沛阳举，这就是坎中一阳。它从哪里来呢？它从乾来的。乾是什么？纯粹圆满。换句话说，睡够了精神充沛了，它才一阳发动。所以人老精神不充沛，男女之欲没有了，青春之火已经熄啦，那不是修养高，不动心，那是没有本钱动心了。所以什么叫做戒？有本钱而不动心！把欲升华叫做守戒。如果本来是干枯的，枯井无波，水源都干涸了，用不着戒啊！由此可知坎中一阳本从乾家来的道理。更要晓得阴极则阳生，静到了极点阳气则动，睡眠够了，精神养好了，刚一清醒这一下子，真阳之气来了，把握住这一念，才叫做采药。他说这个正是太阳真火。你看真火有烫没有？修密宗的，修道家的，如果身上发烫那是发烧！不是真火。坎中一阳来复的阴极阳生，才是太阳真火，这个叫做后天之阳气，与先天之阳气同类，是同一个东西，变化不同而已。

因此他说我们的心“坎中真火，恒欲炎上以还乾”，坎是水，水里的火总要向上爆发，同物理世界一样。我们现在用的能源瓦斯，什么石油气、沼气，这个也是阴火。譬如我到过四川自流井，烧盐巴的那些火都是瓦斯，用瓦片一盖就把它盖住了，把瓦片拿开，火就忽然出来，就可以烧盐了。这种地下阴火，等于我们瓦斯一样。这个瓦斯如果没有燃烧，手放下去感觉是冰的，这个手都要麻痹半天。阴火与阳火是不同的，木头烧的火是阳火，太阳火是阳火，其他有些火是阴火。假设我们把太阳光引到玻璃镜里头，对准焦点也可以起火，这一点火出来就叫阴火。太阳是阳火，再反射出来是阴火，所谓阳中之阴，阴中之阳，就是这个道理。所以“坎中真火，恒欲炎上以还乾”，喜欢向上面升的，天热了为什么下雨？地面晒得太热，蒸汽向上走，碰到高空冷气团就下雨了。一冷一热，一水一火，结合变成甘露下来了。我们这个身体同这个物理是一模一样的，懂这个气象的物理，你就懂得修道的道理了，身体就会调整好。

人就不同了，坎中真火，像人的阳气，睡醒精神够了，则一阳来复，阳举了向上走，当然没有火烧的现象。但是，精神来了思想就多了，第一个思想就是男女之间的欲念，像火一样烧起来。修道人到这个时候是个关键，要把心念归到清净，这样慢慢打通了气，心火下降头脑清明了，那叫做还精补脑，就长生不老。可惜一般人做不到，奈何这个坎中一阳真火就要向上烧，到了命门的地方刺激了肾上腺的荷尔蒙，性的欲念就来了。来了守不住，一次两次，生命就那么下去了，所以这个很难把握。

太阴真水妙用

“人但知离为火”，离卦是火，离代表眼睛也代表心，我们这个思想观念也都是属离。离中这个一阴就是佛学的无明。我们人的思想怎么来怎么去不清楚，莫名其妙地来莫名其妙地去。“不知离中一阴，本从坤宫来”，坤是阴极。“正是太阴真水”，所以没有杂念，没有妄想，静坐久了，口水下降了。修道先要学打坐，坐起来不求静就不是做工夫。庄子笑我们，所谓静坐，说是“坐驰”，坐在那里开运动会，又想观音菩萨又想西方又想东方，又想转河车又想上下颠倒，在那里忙得很。所以庄子提到真正的静坐叫做“坐忘”，坐到忘记我忘记身体了，那叫做修道。坐到真没有杂念妄想时，这是真阴，阴极了才阳生。老子说六个字：“致虚极，守静笃”，这就是打坐的基本原则。这是什么境界呢？是阴境界。老实讲，不要怕阴境界，阴极就阳生。比方我们人总要睡觉的，精神太疲劳时去睡一觉休息，睡够了精神来了。所以阴不是坏事，是好事。

“阴与阴同类故，离中真水，恒欲就下以还坤”，像我们脑子思想的这个地方属于离卦，当下部的气上升刺激脑下垂体，思想就来了，精神旺盛思想一来，它喜欢向下走，所以精神好了做坏事的机会就多。做坏事多是向下流，向下走的，“此即大易，水流湿，火就燥”，《易经》上的这句话说明，水向湿的地方流，火向燥的地方跑。

所以，“本乎天者亲上，本乎地者亲下，各从其类之义也”。讲到这两句话，我们小的时候背的《幼学琼林》天文第一篇，“混沌初开，乾坤始奠”，这个宇宙是这么开辟的，并没有说上帝造的，也不是菩萨开辟的，中国文化就是这样。“气之轻清上浮者为天，气之重浊下凝者为地”，你说不是科学嘛，也是科学。气之重浊者结成块，就是物质世界的地。小的时候都是从念这些书开始的，一辈子也受用不完，现在跟你们来谈，还变成很高明的学问。

老实讲，我们打起坐来，坐到什么都不知道，那是阴境界，是气之重浊的境界。所以，工夫到了“气之轻清上浮者为天”时，你的真工夫到了，是还精补脑的时候。到了那个时候不要觉睡了，也没有妄想也没有思想，可以叫做六根大定。当此之时，眼耳鼻舌身意都是清醒的，昼夜清醒，也许个把礼拜都不需要睡觉了，但绝不是失眠。这个时候要参考元朝丘长春真人的《青天歌》了——“青天莫起浮云障”，这个时候一念不生，一念不生不是不知道，万象都知，可是没有动念。“云起青天遮万象”，如果这个时候动一念，等于青天里起了一片浮云，就把青天遮住了。

道家有几篇东西很重要，我已经给诸位提起过，现在再介绍一下。第一是道家十三经里的《清静经》，必须要背来，必须要懂得。第二是吕纯阳的《百字铭》，我们这里发过讲义。第三，宋代那个女仙姑曹文逸的《灵源大道歌》，她是宋朝曹彬的孙女。曹彬是了不起的一位大将，比唐代郭子仪还伟大，虽然出将入相，却不喜欢杀人，作战是非常仁慈的。他教育好，后代也好，另有一个孙女当皇后，也是好的皇太后。第四篇要读的就是丘长春的《青天歌》。其实这些也值得学佛的参考，因为这个时候已经三教合一了，佛家道家的东西都在内，已经分不开了。当然，不是一贯道所说的三教合一。

第四十六讲

胡粉硫黄的作用

再说水 火 气

外丹的故事

从妄想起修

刚才讲到水火在我们自身的作用，当静坐达到极清净的时候，就是水的境界；当我们坐到精神蓬勃，阳气上升的时候，就是火的境界。大凡碰到阳气精神极旺的时候就难了，因为一般人精神旺的时候念头空不了；到了精神衰败，念头自然清净，那是阴的境界，那是纯粹的水，没有火。工夫的调配是要水火既济，因此我也讲过，一般人学打坐是把事情忙完了，精神疲劳，差不多死了半条命时才来打坐修道，那是没有用的，那是休息。真修道，是在精神极旺极好的时候打坐，叫做修道。拿个人的生命来讲，一个人在运气最好最得意的时候，功名富贵都来了，这个时候放下来修道，才叫做修道。退休了，倒霉了，得病了，然后盘两个腿叫做修道，那不叫做修道，那就无以名之了。这个话我讲得严重，诸位真正向这条路上走的人，特别要注意。

胡粉硫黄的作用

下面朱云阳真人说，“魏公”，指本书作者火龙真人魏祖师，“先以世间法喻之”，书里面用胡粉投火中这些世间法来比喻。“如胡粉，本是黑铅烧就”，胡粉是中国药名，这个药就是黑的铅，把它烧化炮制过，就变成粉状叫做胡粉，是有毒性的。中国药物的辞典叫做《本草纲目》，但开药店学中医的必须要读《雷公炮制药性赋》。炮制就是经过化学制造的，哪一种药要水泡过，哪一种药要炒过，这个叫炮制。炮制不是放炮的意思，是在锅里炉子上炮的。这个姓雷的雷公，是黄帝时代的人，他是中国的药物祖师。

又譬如有一种药就是硫黄，有时救命要吃硫黄丸。硫黄也是道家了不起的药，我也曾经吃过一百天的硫黄，那是冒险吃的，在做试验。这种丹药对修道人身体很有利，但是不能多吃。这个硫黄要用油来制，要炒过，把猪油放下去与硫黄起化学作用。但是在体内没有吸收之前，如果碰一点动物的血，尤其是猪血一吃下去，那个毒性就爆发了，会把人烧死。

吃硫黄究竟有什么好？我是拿命来试验的，我吃了觉得骨节特别松，身体很柔软。后来偶然重新翻一本古人的法医学《洗冤录》，才明白其中的道理。古代法医验尸，把坟中尸体挖出来看死人的骨头，如果手指一捏就变成粉，是硫黄吃多了死的。我看到这一条才知道，怪不得身体这么柔软！道家吃硫黄是转化筋骨，我们打坐也想把身体达到空，但是很不容易。这个药物把身体改变，使你感觉空。当然吃过分了就不好，这些都是毒药，像铅、硫黄、水银，炼丹的药五金八石都是毒药，把它们锻炼成丹，小小的一粒只有绿豆那么大，吃对了百病皆除，吃不对立刻翘辫子，七孔流血而死，那是很严重的。

他现在讲，“一见火，则当下还复为铅。冰雪，本是寒水结成，一见汤，则立刻解释成水”，胡粉本是黑铅烧就，见火又还原为铅；冰是水变的，加温就变成水，水冷又变成冰了。人体内部也是这样变化，修道也是这样，从这个原理悟进去就晓得用功了。“可见火还归火，水还归水，本性断不可违矣”，物理的本性、本能没办法违背，水，泡成茶是水，酿成酒也是水，做成毒药也是水，做成排骨汤还是水，味道虽变了，但是水还是水。

再说水 火 气

“炼金丹者只取一味水中之金，水中之金即命蒂也”，所以生命的根本，就是一阳来复，看不见的一阳来复是最高明的。我讲了无数遍，等于我们人睡眠，休息很久，阴极了，醒过来精神就好。所以我常常给同学们讲，你把这个睡着醒来的关键把握住，生命的根本就在你手里了，这个就是命蒂。人有病看中西医，药物只是帮助，不是药物把你的病治好，是你自己把病治好，所以生了病就睡觉，睡觉就是休息，完全放下。休息进入了阴境界，阴到极点阳出来了，病好了，又出来卖命，把命消耗；消耗了又要生病，这就是普通人。

“水中之金”是道家的比喻，实际上就是生命的真蒂，一阳来复。这个水，“本来原出于乾性”，乾卦是代号，人性的本来。“自乾破为离，离为性根，中有真阴”，乾卦是代表一个完整的、原始的本性，它上爻下爻一变成阴的就是坎卦；乾卦中爻一变成阴就是离卦。离在人体代表心跟目。释迦牟尼佛只用形而上的道体来说，在《楞严经》中，七处征心八还辨见，跟阿难反复讨论心在哪里。佛说“心目为咎”，是心跟眼的问题。在道家来讲，明心见性用个代号叫做乾卦，是完整的。目、眼睛、头脑，是离卦，是完整的本性中间破了，中间一阴来啦，变成离卦。“乾破为离”，心目为咎。“中有真阴”，我们心念里头中间有真阴。

“得南方火炁，砂之象也”，精神健旺向上走，是南方阳明之火；向下走是北方真阴之水。“学人欲了命宗，必须以性为主”，我们修道的人，想修后天的命长生不死，就要以修性为主，一定要达到明心见性，心念清净，一念不生。

“故曰，金以砂为主，而此离中砂性，得火则飞”，离指后天，我们精神一来，心火旺了思想就纷飞。“未易降伏”，打坐时思想念头很难静下来，因为阳气来了。要怎么样静下来呢？“仍赖北方水中之金以制之”。这个讲得很明确了，我更明确地说，真正修到气住脉停，心气归元，就是老子讲的“虚其心，实其腹”，整个身体定住了，外表的呼吸也停了，六根大定。那个时候想要起思想、起妄念、起烦恼，也起不来了。这是说，南方离中真火乱跑乱飞的，道家有时比喻它像一条龙，降龙伏虎，就要老虎在水中生活，也就是气凝住了。换句话说，心动气就动，气动心就动、念就动。你要是做不到念不动，有一个方法可以做到，你气住了，念就不动了，它俩是伙伴。如果不把气降伏住，你想做到完全的念不动是不可能的。偶然做到的清净，是假象不是真象。

“学人欲了性宗，又必须以命为基”，修命是基础，真正气住才是命根啊！今天有个朋友跟我讲，他已经修到胎息了，已经得到真息。我告诉这位道友，你不要瞎扯！什么叫胎息，你连影子都没有摸到。修到胎息真息就气住脉停了，真到了气住脉停就忘身啦。庄子说“坐忘”，就是没有“我”的感觉，没有这个身体感受了，可以与虚空合一。所以说“青天莫起浮云障”，这还是第一步。再进一步，假设我修到了也不会跟你讲，讲了也没有用，因为你第一步都没有到，讲了以后会害了你，增加你脑中很多幻想，哎呀！我快到了快到了！你那是到了精神分裂了！这个东西是科学的，一步一步的工夫，到了这个时候内气充沛充实了，气住脉停了。

“故曰，禀和于水银”，所以上面说的这个比喻，“要知砂与水银，原是一体，同出而异名者也”，譬如老一辈的中医小儿科，经常用到朱砂，道家画符也用朱砂，朱砂和水银都是经过矿砂提炼以后变成的，所以有时人有精神病的时候，用朱砂治疗。医药书上讲朱砂可以镇邪，妖魔鬼怪都怕它，实际上是镇定剂。不过你们不要乱吃！这不是开玩笑的，我不过讲学理给你听，用起来很难用。

外丹的故事

讲到这里我想到一个故事，佛教有药师佛，专门走药的路可以成佛，这个太高明也很难。文殊菩萨叫善财童子去采药，善财童子就在地上拔起一棵草说，行了，药采来了，天下大地哪里不是药！这个话是真的，什么都是药，都可以救人也可以杀人。譬如刚才讲朱砂，我有个和尚朋友，他不但是佛家，连道家都很高明，我很佩服他。我年轻时常在他那里读书，他的书柜有两个是三把锁锁住的。他越锁我越好奇，非要他打开给我看不可。他说道家天机不可泄漏。后来我终于看到了，都是手抄秘本道书，那真是稀罕。

这个和尚是真修道的，工夫也好，后来死在四川一个庙里。我从宜宾走了半个月，到他坟墓上去拜，很感叹！他也收了一个出家的徒弟。我骂他徒弟，你师父没有死，给你们活埋了的！那个徒弟跟那些皈依弟子气得不得了，好像我是来敲竹杠的。我说，你们不懂，我们两个分手以前，他在吃早饭，饭里放一种丹药，我知道是什么丹药，我不赞成他吃。他放的是一种植物，我不讲，怕你们去吃，吃死了我罪过无边。他要我吃一点，我不吃，我说我不靠外药，修行要靠自己的本事。他年纪比我大二十几岁，他说他来不及啦！我问为什么？他说妄念不能断啊！吃了这个以后妄想就少了，甚至没有了。他医理不懂，这个外药应该吃一周期七天，七日来复，停隔三天，他没停。这东西的好处是镇定，吃多就像死了一样，实际上药性过去还会复活。他徒弟们不知道，就把他抬去埋了，不就是活埋了吗！这是我看到修道学佛的实例。

说到药物的情形，我还想起一个朋友的事，这都是修道学佛的经验。道家讲法财侣地，侣是指同参道友，很难。当你坐在那里入定，别人也看不出来，跟你开玩笑开惯了，还推你摇你，完了！算不定你死在那里！说真的，道侣很难，必须要懂得护法才行。我有一次经过四川、湖北交界那里，看到一个大庙子扶鸾。扶鸾不是扶乩，那是在大殿上，虚空吊一支笔，那个神一来，那支笔自己会写字！叫做鸾坛。那真有点稀奇了，笔悬空吊的，墨在旁边，它自己会过来沾墨，在纸上就写起堆积如山的字。人问什么事，写个条子放在那里，它都写在上面答复你，很灵。

我那天经过那里，看到一个疯子，大家把他绑起来，送去给这个菩萨医——有个年轻的乩童，菩萨附在他身上。这个疯子力量很大，七八个人才抓住他。结果那个年轻乩童一来，那么一抓，疯子就动不了，再把他绑起来，吊在大殿菩萨前的梁上。于是乩童就跳到枱上把他这么一拉，就转了好几圈，转得昏头昏脑，再放松，倒转，转到疯子吐得一塌糊涂，连汁黄水都吐出来。我在旁边看了，佩服万分，这是医精神病最好的医法。转完了把绳子放下来，那人软得一塌糊涂，也清醒了。为什么呢？有一类精神病叫做痰迷心窍，神经阻塞了，中医的治疗，不过是汗、吐、泻三种方法。发汗，中医叫做解表。要这个痰迷心窍能吐，需吃什么药呢？白矾和人的大便（人中黄），喂下去才能吐。病人发神经力量大，喂不下去，吐也不会吐，拉也不会拉，药也不吃，你一点办法都没有。把他这样吊起来转，什么都吐完了，当然好了，很佩服！这就是药神，这就是菩萨。你说这是人的力量还是神的力量？

再说这个水银和朱砂，“原是一体，同出而异名者也”，同出异名是老子的话。换句话说，什么叫同出？我们的妄念、妄想、烦恼，这些思想就是清净本身变出来的，所以烦恼妄想与清净同出而异名。佛家只讲修妄念清净，妄念清净就是把它变回到本身而已。道家也是这个道理，所以水银、朱砂也是一体变化出来的。

从妄想起修

“其初，原从一体变化而成两物，其究，还须从两物变化而归一体”，气跟念，我们呼吸之气，老实讲跟念也是一体。我们的心、精也是一体。所以说精、气、神三个一体，三个东西归成一体就得道了，真气回到本来。“只此真阴真阳，同类交感，相因为用而已”，所以老实讲，修道从哪里开始修？从妄想开始修。学佛也一样，没有妄想你修什么道？念南无阿弥陀佛，佛家叫人不要打妄想，自己坐在这里，想到西方极乐世界，南无阿弥陀佛，南无阿弥陀佛，叫人家的名字拼命求，求把我拉到西方，拉到西方……这不是大妄想吗？但是，妄想也是本性上现出来的。

“故曰，变化由其真，终始自相因。变化之法，不过流戊就已，颠倒主宾”，戊土是流动的，我们妄想就是戊土流动；己土是固定的，得定的境界。临济宗讲宾主，曹洞宗讲君臣就是这个道理，同道家一样，一主一宾。你要晓得真正禅宗的用功，临济祖师说，有时候是宾中之宾，有时候是主中之主。有时候气动就跟着气走，并不要管妄念；有时念动了就跟着念跑；有时候念也不动，气也不动。所以临济宗的叫做四料简，像做菜一样，看你怎么配搭。

“使后天坎离，还复先天乾坤耳”，所以修道就是那么简单。“张紫阳云，阴阳得类方交感，二八相当自合亲，此之谓也”，他引用张紫阳真人在《悟真篇》上的话，修道就是阴阳交媾的道理，但是要同类，它本身才能交感。有人把这两句话解释成采阴补阳、采阳补阴，那就不对了！“阴阳得类方交感”，必须要同类才能交感，“二八相当自合亲”，二八就是一个半斤一个八两，两个相加就是一斤圆满了。所以真正修道，命功一半，性功一半。换一句话，心念清净一半，神气宁定一半，叫做性命双修，才能成道。

第四十七讲

生命中的同类

同类修道　心风自在

自以为是的修道

外丹不是真丹

烹炼　温养　变化

我们讲了好几段理论，与做工夫是有实际关系的。但是一般看来还是空洞的，我本来想把下面的一部分跳过去不讲，但是有些年轻同学认为还是需要讲，也帮助大家看古书，对旧文学多一些了解。从这个立场来看，这是东汉一代的文字，虽然古老，但历代的文告多半走这个路线，简单明了。中国的方块字，单字立体的，一个句子包含意义很多。现在我们原文念过去，必要的时候解释一下，假如诸位年轻同学有问题可以问。

生命中的同类

“欲作伏食仙，宜以同类者”，修道伏食就是吞下这颗长生不老之药，伏食的神仙要以同类来修。“同类者”很多，这个里头就有问题，譬如说南宗的丹道派，尤其是主张男女双修的，这个解释就一塌糊涂了。这种道书也不少，都不属于正派的，还有很多现在人的著作，在海外乃至于香港都有，都不是正派的。这里所讲的同类，是一个原理。“植禾当以谷”，种稻当然要稻子的种子来种。“覆鸡用其卵”，老母鸡抱蛋一定要鸡蛋才能够抱出鸡来。“以类辅自然，物成易陶冶”，同类的东西修道容易成功。我们讲伏食，这个生命同类的东西是什么？这个问题我们等一下讨论。

“鱼目岂为珠”，现在有些经书很多都是鱼目，不是真珠。最近我们发现连佛的舍利子都是假的，是鱼目做的，把鱼的眼睛磨成粉压拢来，加一点亮光就说是舍利子。原来在印度、尼泊尔，有人大量制造假舍利子送人，这个时代什么都假了。“蓬蒿不成槚”，槚就是树木，蓬蒿就是草，草不能长成林木。“类同者相从，事乖不成宝”，这个事情搞不对永远不能结丹。“燕雀不生凤，狐兔不乳马”，狐狸和兔子不能喂马吃奶。“水流不炎上”，水是向下流，不是向上。“火动不润下”，火不是向下，这些都是比喻我们修道要与同类的东西修。

下面这一段也很清楚，这一段的解释我不想念了，比较容易看懂。原文很明白，就是要讨论一个问题，究竟我们生命的同类又是什么东西？我们举一个例子，这个念头，这个思想，同呼吸差不多，属于同类。

思想或者念头，它是跟着呼吸的。我们一般习惯把思想叫做念头。我年轻的时候老前辈问我，念在先还是气在先？他是问我们这个思想先动还是呼吸之气先动。我说是念先动，气就跟着动。我是脱口而出，老实讲那是冒充的。老前辈笑笑不答。我们恭敬而退，下面也不敢问了，他要打坐了。像虚云老和尚，他一天到晚盘着腿坐在那里，谈话答复你几句，然后眼睛一闭；你再问，没有声音了，他入定啦！反正不理你了，这些老前辈都有这个风格。我出来以后跟我的老师谈起，他说，你答复得太好了，但是他跟你的意见相反，他认为气在念之先，因此要修长生不老之术非练气不可。我说，哎哟！他的问题我正好一刀杀进去，刚好刺到他的痛处啦。老师说有这个味道！老师又问我，你当时答复有把握吗？我照实说没有，我是冲口而出随便讲的。他说，你去注意几天看，究竟是念先动还是气先动。过几天，老师想起来，胡子一拉问道，参出来没有啊？念先动气先动？我说念先动。老师说，对！好！这是重点！

同类修道 心风自在

这句话是说，念头、思想和气是同类的东西。拿佛家来讲，我们这个身体四大皆空——实际上这个肉体生命，是地水火风空五大，属于身体上的物理性质。骨头等等以及肉这一类属于地大，所谓固体的，水大是液体，火大是热能，风大就是身体流动的这个气。还有一个是空大，每个细胞中都有空隙，都有气可以流通，没有气流通就会病、会死亡。修到了四大皆空，这个肉体可以化掉，第一步是感觉没有“我”的存在，进一步别人看你看不见啦。到达了四大皆空境界，就是道家所讲“散而为气，聚而成形”。这个气不是空气的气，念头一动要它凝结拢来，要给你看见或看不见，都可以办到。不但道家做得到，佛家也做得到。但是道不在这个上面，这只是工夫。当然做到这种工夫也很难，非要至高的定力不可，它的原动力也在这个思想念头。至于心物一元的形而上道，那完全就是从念头思想这个路上去的。也就是说，我们坐在这里入定时，还有没有知觉？就是这个问题。

现在来讨论“定”。不管道家佛家，定有很多种，定中有没有知觉？如果说入定是无知觉的，这个定没有用处，又何必修道呢？修成也是一个木头、石头。如果说入定时候也有知觉，这个知觉同现在的知觉状况又如何区别？应该说入定的时候，知觉不靠这个呼吸了，不靠四大的风大。古人认为靠风大的关系是个大秘密，所谓散而为气聚而成形，这个神通变化怎么来的呢？在佛家有一句话，显教没有，密宗里头有，就是“心风得自在”。道家后来把佛家的话改了，说到了最高处心息相依。

什么叫心息相依？也就是心风得自在。我们这个气，鼻子呼吸是很粗的；进一步是心肺部分的呼吸；再进一步，普通所谓丹田呼吸，胎息，在肚脐以下；再进一步，息到达足跟，整个地停掉而气住，不需要呼吸了，脉也极少跳动了。到达这个样子可以说是“心风得自在”，是心息相依的初步，不是坐在那里数呼吸。不到气住脉停，心风不能得自在，心息不能相依。心息相依就是心风自在起用，这才有一点同类的现象。

这是本身生命同类的道理，把它配合起来用，叫做阴阳相配。心念思想看不见，属于知觉部分；呼吸比较有感觉。所以我经常跟大家讲，修道很简单，人的生命两个部分，一个感觉部分，一个知觉部分。你说我气脉通了，有光啦，看见什么，见鬼！活见鬼！看见什么的境界都是属于感觉部分。能够把知觉部分、感觉部分完全训练到空，自在了，修禅定也好，修道也好，初步的基础才算有了。自在了以后怎么办呢？基础打好了以后将来再说。这一段我们提出来同类的讨论，到这里为止。

自以为是的修道

现在我们再看原文，“世间多学士”，就是学问很渊博的人很多。“高妙负良材”，自认为高明，自认为很妙，负就是很自负，认为自己是天下第一的良材。“邂逅不遭遇”，历史上记载很多，古人多数被骗，把黄金炼成丹药来吃，想长生不老，但又碰不到明师。“耗火亡资财”，化学的丹炉白修了，最后钱被人骗了，丹也炼不成。“据按依文说，妄以意为之”，世界上的人都自认很聪明，很有学问，读古人的丹经、佛经，看到文字就认为懂了，又根据文字自己做批注。真懂了没有？没有懂！我们经常发现，有些同学讲佛学真讲得好，他懂了没有？什么都没有懂！都是“妄以意为之”。所以禅宗祖师们讲过，“依文解义，三世佛冤”，按照文字自己加以解释，自以为都懂了，过去佛、现在佛、未来佛，都在喊冤枉啊！等于西洋人讲，耶稣如果再来，看到我们现在流行的《圣经》，他一定气得把自己再钉到十字架上，说我当时不是这样说的。佛家道家也是一样，甚至孔孟之说，后人乱加批注的也很多。

“端绪无因缘，度量失操持”，看了丹经道书自己认为都有一套，尤其现在，刚学佛修道几天，就著书立说一大堆。现在的教主、大师们，新兴的年轻一代太多了，看起来就犯了“端绪无因缘，度量失操持”的毛病。真正修道的道理连头绪都没有摸清楚。“端”就是开头，“绪”就是条理次序程序，“无因缘”就是说莫名其妙。修道一步有一步的工夫，一点有一点的境界，一层有一层的效率，人身这个小天地，像太阳在天体一样，也是一分一秒、一步一步地进行，绝不能躐等，不能超过去。所以程度和限量，也是有一定的，一斗就是一斗，一升就是一升，你做一点工夫效果就是一度。所以要看自己怎么样把握。

“捣治羌石胆，云母及矾磁”，这是讲有些修炼外丹的，有人修炼石胆，有些专门修炼云母，有些专修炼磁铁，配拢成丹。真的磁铁是可以入药的，我讲个笑话给你们听，你们诸位不要乱用啊！有一个朋友血压高得厉害，中西医都没有办法。我送他一个东西，用带子绑在肚脐上，绑在腿弯里，血压就降下去了。是个什么呢？我说是我炼了六十年一甲子才炼出来的，他就当宝贝一样。后来我告诉他实话，只是一百块钱仙丹而已，就是吸铁石。吸铁石用得好是药，还可以止痛，但是你要晓得分量，如果是一点点痛，一大块吸铁石摆上去要命啦！不可以。人体里头同南北极一样，也有磁场，所以这些神仙炼丹，吸铁石都用得上。吸铁石是很有用处的，古代万一缝衣服的针头断了，进到血管里，这时候用吸铁石把它倒吸出来。还不止如此用处，还可以碾成粉有其他用途，也有镇定作用。

我们上古的物理数据很多，可是一般人，老祖宗的东西既不看也不懂。所以这些石胆、云母、矾、磁石也都是药。明代李时珍是大医生，也是大药物学家、医理学家，花了三十年工夫走遍全国亲自实地调查，把中国木本、草本、矿物质、动物的，统统都研究了。他这本《本草纲目》是世界公认的名著，你们要好好念，里头有很多的宝贝，很多的偏方，任何一根草一味药，配合治病都有很多的用处。他花了一辈子的精神，著书传世想救人的，道家要紧方子的作用，也大部分收录进去了。

外丹不是真丹

“硫黄烧豫章”，硫黄是药，也是毒药，豫章即樟木，江西豫章出产硫黄，更盛产樟木。“泥汞相炼飞，鼓铸五石铜，以之为辅枢”，泥汞就是水银，还有铜等等五金八石在炉子中锻炼熔化成粉，再把这个粉炼成了丹。我们中药叫冶炼，冶炼又叫飞，把固体的东西化成粉，很轻微，都没有形状的，才可以慢慢把它炼成丹。可惜外丹在我们中国失传了，外丹比内丹还难炼，假设外丹真炼成功了，这么一点点吃下去你就不要打坐了，你就成仙了，不成仙也成癫啦，癫了就是疯了！这些是批驳外丹不对。

“杂性不同类，安肯合体居”，这些药物性能有时是矛盾，相反的，以五金八石来锻炼固然成了丹，仍是一个物质的东西。我们的生命不完全靠这个外物质，所以“安肯合体居”，吃到肚子里也没有用；就算吃了吸收化掉的话，同我们这个肉体不是同类，也没有用。大家研究外丹“千举必万败，欲黠反成痴”，所以很多皇帝也炼这个外丹，是雇人去炼，都不成功，炼不成仙。“稚年至白首，中道生狐疑”，从年轻开始学道，学到头发都白了，炼到一半自己都不敢相信了。“背道守迷路，出正入邪蹊”，他说这个是背道，不是正道，外丹走到迷路去了，改正归邪了。

“管窥不广见，难以揆方来”，他说他们的眼光太小，道家的学识也不够，在一个竹管里看天地，所以识见不广，不知道这个丹究竟是什么。“侥幸讫不遇，圣人独知之”，他说一般修道之人，都有侥幸心理，所以禅宗祖师骂人：“你想悟道，先去掉偷心。”什么叫偷心呢？是偷巧、不老实、不按部就班、玩弄聪明。据我所了解，一般人学佛修道都犯偷心，都偷巧，偷巧也就是侥幸。“老师，你告诉我吧！”好像听了就会。真的告诉了你，你也不会，没有用。

这一段我们再把朱云阳祖师的批注念一念，“此节，端破炉火之谬，言一切有形有质者，皆非同类之真也。”真丹是无形无相的，这个要注意了，一般修炼神仙丹药，硬是以为八卦丹、维他命一颗下去就对了，其实真的丹是无形无相的。“欲炼还丹”，把生命拉回去返本还源叫还丹，“必须采取药物”，必须要采长生不老之药。这个不老之药，就是我们生命当中“一性一命，本先天无形之妙”，也就是性跟命。老实讲我们中文讲了半天性命，禅宗把明心见性视为目标，但是心是什么？性是什么？看不见摸不着。道家偏重于修命入性，可是命是什么你也找不到。你说丹田是命，有人肠子开了刀，肾割了一个也活着的，所以命不全在这有形上面。讲到开刀，很多朋友很怕，我说，胆子大些，开吧！有人听进去了，开完刀多活几年蛮舒服。有时开不好，那个命该死，中西医药都毫无办法。所以我经常跟学医的同学讲，你以为医药可以救人吗？医生医药如果真正可以治病的话，世界上就没有人死啦。医药尽管发达，人照死不误，这个命不是药物可救的，命该死谁也没办法。

烹炼 温养 变化

所以一性一命“喻为铅汞，迥非凡砂水银”，道家把性命比喻为铅汞，所以“欲炼还丹，必是安炉立鼎”，修炼还丹，先要安炉子。炉子比喻我们这个身体，也就是鼎。“药物入炉”，要把药物投到炉子里，“用先天真火炼”。道家这里又来瞒人啦！这个先天真火哪里找呢？“喻为炉火，迥非烧茅弄火。还丹工用全资火候”，并不是用柴来做炼还丹的功用，我们修道修长生不老打坐的工夫，最重要是火候。

火候是什么？等于我们炒菜一样，同样的菜，每人都会做，个个味道不同，就是火候问题，厨师的手艺就在火候。有位同学请我到西餐馆，据说是国际上最有名的厨师，切了一片牛排很薄，我一吃，那真好！那就是火候。修道火候很难，当静时要静，当动时要动。你老是坐着，念佛啊打坐啊练工夫啊睡觉啊就能成仙吗？算不定就把你睡死了，得了睡病，没有动工还不行呢！反之，你老是练气功运动也不行。所以“还丹工用全资火候”，这八个字要特别注意。

“始而烹炼，既而温养”，开始做工夫是猛烈的，等于我们煮饭开始要大火，差不多要煮好的时候要细火温养。“终而变化”，温养对入定很容易，至于如何求变化就太难了，这是三个阶段。我们注意，修道家神仙还丹的工夫，全靠火候。开始第一步大火，到了相当的阶段要文火是第二步。这两步都做到了，第三步你不懂了，就是怎么求变化。变化难了，也同做菜一样，本来要半斤肝，你只有三两也做得成功。有一位朋友很会做菜，随便什么，在锅里滚两下拿出来就好吃。这个中间变化之妙，修道也是这样，这是讲原理。

这三段工夫完成了，修道还丹，“一粒圆成，脱胎入口，喻为伏食”，在我们这个生命身体上修炼做工夫，做到了凝结就成功了。所谓凝结，道家叫做结丹，佛家讲得定，所谓正定的三昧，那是真正得定，不是打坐闭着眼睛叫入定！真正到那时候，“一粒圆成，脱胎入口”，那硬有吞下去的那个情况。说情况也不对，没有话可以形容，就是那个样子，叫做“伏食”，脱胎换骨了，“迥非服饵金石”，并不是吃外药。

“然而金丹大道，万劫一传，兼且世人福薄，难逢真师，往往多流于伪术。”道家认为，你没有这个根骨，不是这个根器，没有这个身体禀赋，不能成道的，修死了也没有用。只有这一辈子种善根，修一切万善的功德，再投胎来，才可能培养出来这个根骨。

第四十八讲

笨人迷外丹

祖述三圣章第十三

《易经》生生不已的道理

火龙真人的自白

还丹法象章第十四

如何才能还丹

金丹的真种

笨人迷外丹

我们继续朱云阳祖师的批注，“有等狂夫，自负高材博学，不求真师指授，妄认己意，传会丹经”，自认见解高的狂妄之士，不求明师指导，妄自牵强附会解释，“遂以凡药为铅汞，以烧炼为炉火，以服饵为伏食，既不识端绪，又不知度量。于是广求五金八石，杂用三黄四神”，现在很多人都吃四神汤；三黄是黄连、大黄、黄芩，清热泻下药。“既非本来同类之物，安肯合体成丹？是犹认鱼目以为珠，望狐兔以生马也。此等伪术，势必万举万败，白首无成。”不是同类之物，永远修炼不成的。“小则耗损资财，大则丧身失命”，搞得不好会为此丧命。“似黠而实痴，当疑而反信。此为守迷背道，出正入邪，不肯自己认错，转将错路指人，遂以管窥蠡测之见，著书立言，贻误方来。”古人著书，尤其道家佛家著作很慎重，轻易地写罪过很大，贻误各方，“塞却后来途径，瞎却后人眼目”。

看到这一代教育的发展，印刷的发达，很多文章，令人看到害怕。我一辈子不敢轻易下笔，所以我亲自写的东西很少，因为一字之差就很严重啊！所以我常常开玩笑，现在真要出一个秦始皇来烧书才好，有许多书都该烧，实在没有用，都是污染。“以至人法眼观之，无半点是处，此辈尚不觉悟，方且欲侥幸于万一，岂不谬哉。”在得道的人眼中，都是谬误，这些人自己还认为已经得道，可以流传，很严重啊！果报不可思议。

“首章指出两弦真气”，这一节是结论，“次章独揭先天金性，三章纔说三性会合，直到还丹入口，位证真人，伏食之旨，已无余蕴矣。”道家的秘诀，他说在《参同契》已经完全传给我们了。“但世人惑于旁门烧炼之术，往往假托伏食，而实非同类之真，故此章重言以破其迷。吕公警世诗云：不思还丹本无质，翻饵金石何太愚。引而不发”，吕纯阳祖师告诉我们，修炼神仙还丹的大道是无形无相的东西，一般人爱服外丹是太笨啦，他说这个引而不发，吕纯阳祖师还没有完全讲完，“其即仙翁破迷之意乎”。

祖述三圣章第十三

若夫三圣，不过伏羲。始画八卦，效法天地。文王帝之宗，结体演爻辞。夫子庶圣雄，十翼以辅之。三君天所挺，迭兴更御时。优劣有步骤，功德不相殊。制作有所踵，推度审分铢。有形易忖量，无兆难虑谋。作事令可法，为世定此书。

素无前识资，因师觉悟之。皓若褰帷帐，瞋目登高台。火记六百篇，所趣等不殊。文字郑重说，世人不熟思。寻度其源流，幽明本共居。窃为贤者谈，曷敢轻为书。若遂结舌瘖，绝道获罪诛。写情著竹帛，又恐泄天符。犹豫增叹息，俛仰缀斯愚。陶冶有法度，安能悉陈敷。略述其纲纪，枝条见扶疏。

《易经》生生不已的道理

现在回到《参同契》第十三章，这一章后人叫做“祖述三圣”，三位圣人。朱云阳真人说，“此章言祖述三圣之易，以阐明大道也。”要修道必须要通三个圣人的《易经》，这个三圣是伏羲、文王、孔子。“若夫三圣，不过伏羲。始画八卦，效法天地”，《易经》的道理是宇宙生生不已，宇宙是常在的，常在叫做生生不已。我们老祖宗伏羲得了道，效法宇宙生生不已这个法则，构成了一个公式，让我们认识它，就是《易经》的法则。“文王帝之宗，结体演爻辞”，文王把伏羲画的八卦加了卦辞；文王的儿子周公，接着父亲著了爻辞，把功劳归到文王。

“夫子庶圣雄，十翼以辅之”，这是讲孔子著十翼，翼是翅膀，就是《易经》的翅膀，也就是说有十种著作。“三君天所挺，迭兴更御时。优劣有步骤，功德不相殊”，由伏羲到文王到孔子，虽然了解的深浅有所不同，它的功德流传后世是一样的。“制作有所踵，推度审分铢”，中间的秩序，一分一厘都没有差。但是学《易经》这个法则还容易，“有形易忖量，无兆难虑谋”，有形相八卦的道理，还算易懂，可是“无兆”是形而上的道，就难了解了。

火龙真人的自白

“作事令可法，为世定此书”，这位丹经鼻祖魏真人，他不敢乱著书，但是为什么要写这部丹经呢？是留给后世人修道不要走错了路，并不是为了自己出名而作的。魏伯阳真人写的这本书，真是了不起，要对他顶礼膜拜，这是前无古人，后无来者的著作。后面虽说写丹经道书的很多，并没有超出他的范围。他这里等于写一篇自序，“素无前识资，因师觉悟之”，他这部丹经告诉我们修长生不老之道，跳出物质世界得长生之术，在他之前并没有一个模子可作参考，没有前辈善知识的数据。他得了明师传授，明师什么人没有讲，道家同佛家不同，因尊师而隐掉姓名，他得到明师的传授悟了道。“皓若褰帷帐，瞋目登高台”，他说得了明师传授以后，皓就是白，像是张大眼睛站在高处，拉开那个窗帘子，看到外面一片光明，都看清楚了。

“火记六百篇”，他这本书就叫火记，火龙真人所记的六百篇。说是六百篇有问题，并没有六百篇。“所趣等不殊”，趣就是趣向，使我们都懂了修道之路，这个“趣”是相同的，只有一个原理没有两样。“文字郑重说，世人不熟思”，古今以来仙佛留下来的经典，修仙修道的法则都有了，只是一般人读书自作聪明，以为自己懂了，只是文字懂了而已，没有好好熟思。所以我们说读道书佛经要万读不厌，据我的经验，每次读每次理解不同。古人有一句话，“好书不厌百回读”，就是这个道理。

现在的文章都是短命的文章，尤其报纸上的文章，五分钟寿命，看完就完了，且错的东西很多。现在人读书没有好好做到儒家所讲“博学之，审问之，慎思之，明辨之”。“博学之”等于现在说搜集资料，什么都有了；“审问之”，要仔细慎重研究；“慎思之”，还要很谨慎思考、研究；“明辨之”，哪样是对的，哪个是不对的，这是儒家做学问四大程序，说得很清楚。据我发现，现在教育是普及了，但是学问越来越没有，乃至读到研究所，脑袋都是空的。中国也好，外国回来的也好，多数没有用。我现在老了，也许我们这个像海一样的代沟太深了。

“寻度其源流，幽明本共居”，他说修道一定要把学理弄清楚，才好下手做工夫。你要找寻它的源流，搞清楚幽明。明就是光明，幽就是看不见，光明跟黑暗是同源的，阴阳同根的。“窃为贤者谈，曷敢轻为书”，他很谦虚，他说我写这一部著作，给贤者有道德有学问的高明之士看的，使他们懂得修道。不敢说我著书是立言，不敢有这个意思。“若遂结舌瘖，绝道获罪诛”，他说我假如把中国这个超凡入圣的道法的法则不写下来，如果从我手里断了是罪过的，上天也不会答应不流传下去。但是，“写情著竹帛，又恐泄天符”，他说我现在要把它写出来，又怕漏天机。“犹豫增叹息，俛仰缀斯愚”，他说写这部书的时候，把神仙丹诀、口诀留下来，考虑了很久，很难过也叹气，写也不对，不写又不对；写是有罪，不写也有罪，真是难办。“俛仰”，仰头看天，低头想想，怎么办？

“陶冶有法度，安能悉陈敷”，现在我勉强写出来，这个修炼，像陶冶陶器、冶炼金属一样，把修神仙原则说出来。千古神仙，只能传口诀，没有办法传火候，所以魏真人说哪里能够完全详细写出来！“略述其纲纪，枝条见扶疏”，把大概原则、要点只能粗枝大叶地陈述，大家自己去仔细寻找，口诀也都在里头了。古人著书不像现在，他把这个序言不着痕迹，插在中间。

还丹法象章第十四

以金为堤防，水入乃优游。金数十有五，水数亦如之。临炉定铢两，五分水有余。二者以为真，金重如本初。其土遂不离，二者与之俱。

三物相含受，变化状若神。下有太阳炁，伏蒸须臾间。先液而后凝，号曰黄舆焉。岁月将欲讫，毁性伤寿年。形体为灰土，状若明窗尘。

捣冶并合之，持入赤色门。固塞其际会，务令致完坚。炎火张于下，龙虎声正勤。始文使可修，终竟武乃成。候视加谨密，审察调寒温。周旋十二节，节尽更须亲。气索命将绝，体死亡魂魄。色转更为紫，赫然称还丹。粉提以一丸，刀圭最为神。

如何才能还丹

现在魏真人告诉我们最要紧的口诀“还丹法象”，做工夫怎么样才能还丹。我们要晓得，在古代，阴阳五行、《易经》八卦都要懂得；《老子》、《庄子》也要清楚，然后才可以谈修行。那个时候没有佛经，魏伯阳真人著书时，佛教还没有进入中国，所以你就晓得中国文化之伟大，书中的内容，完全用中国文化阴阳五行这些来讲的。但是他修炼的方法，同后来佛法进入中国做工夫的方法一样，不过表达不同而已。佛家用九次第定来说明禅定，就是四禅、四空定再加一个灭尽定。灭尽定等于道家的粉碎虚空，以伍柳派惯用的话叫“炼精化气，炼气化神，炼神还虚”。还虚还不行，你证到了空还是小罗汉，要变成大罗金仙，才是大阿罗汉。大阿罗汉就是佛啦，要粉碎虚空，空都不要，空也要空掉，这是灭尽定。佛家从四禅八定的次序，来说明用功的过程，不管大小乘的佛法离不开这个原则。四禅八定几千年来有几个真修到？初禅都做不到！达到了初禅还谈不到还丹。朱云阳真人的批注就有佛学在里头啦，中国后来道家佛家也混合了。

现在看他的原文，原文就很困难，这一段很重要。“以金为堤防，水入乃优游”，五行金作堤防，水在内才不会泛滥流失。“金数十有五，水数亦如之”，金是现象，拿数来讲十五，水的数也是一样十五，两个十五合起来三十，三十者一月之象。我们国内的大学很可怜，没有一个真正懂得古天文学和中国历法的，古天文几乎要失传了。古代历法是历法，天文是天文，历律是历律，律吕是律吕，气象是气象，都是一门一门不同的学问，是由中国天文学来的。中国这一套东西在世界文明史上曾经是最发达的，但那是我们祖宗的，不是我们的。我们这一代中国人交的是白卷，将来在历史上很难看。

“临炉定铢两，五分水有余”，临炉等于化学锅炉一样，把水和金两个丢进去煮的时候，“定铢两”是多少斤水，多少斤金放下去。“五分水有余”，为什么用五分水呀？两样各一半，“二者以为真，金重如本初”，这两样就是金和水，这两者配好就变成金丹。“金重如本初”，最后炼成功了，黄金原来多重就仍然有多重。“其土遂不离”，四象五行都不离中央戊己之土。“二者与之俱”，青年同学们看道书念丹经，你们想修道吗？想学静坐长生不老，都在里头，你去看吧！岂止是天书，比地书都难读，不晓得讲些什么。你说打坐、修道同这些有什么关系呀？嘿！绝对有关系。

金丹的真种

现在我们先把原文放下，看看朱云阳真人的批注再回转来讨论。“此节言金水二炁，为金丹之真种也”，这一章完全讲我们后天生命这个肉体，都跟着五行变化。“金水二炁”，这个要搞清楚，我给大家讲过的，肺属金，肾属水，肝属木，心脏属火，脾胃属土，这是有形的。无形的呢？性，佛家讲是以心做代号；命用水做代号。你们学针灸、学医的，这些非要搞清楚不可。还不止这一点，譬如在座的有些人大便不通，拼命吃泻药，我说不要吃药啦！教你们做一些工夫，在身上搞几下就通了。再不然不吃泻药，吃清肺理气的药下去，包你就通了。什么道理呢？你们要注意，呼吸系统包括气，肺与大肠相表里，大便秘结是肺气不对。大便平素多而稀，也是肺有问题。心脏与小肠相表里，肝与胆相表里，都要懂。你说肝有病，有时不一定治肝，懂得最高医理的，胆的药一下去，肝就好了。有时候发现胆结石，西医要开刀，在中医真懂得的人，不管你的胆，先把你肝的功能健全起来，因为它两个相表里。所以这些一内一外都要搞通。

那么“金水二炁”也是这样。所以肾为肺之子，肺为肾之母。换句话说，你元气不够，肾水就亏损了。有些中医常常讲些吓死人的话，都是造口业，说你肾亏呀！一听好像是房事过度而肾亏。中医所说的肾，主管脑，脑下垂体荷尔蒙不够就是因为肾。荷尔蒙有两百多种，一般听到荷尔蒙好像跟男女性关系混在一起了。所以不懂中医，不通西医，都在那里乱说。其实读书过度，脑神经衰弱也会肾亏，所以听到肾亏不要吓得要死，他可能是指脑，高明医师要你补脑。所以有时候脑神经思想过度，读书太用功，忧愁太多，胃会出毛病，是脑神经影响的胃病；还有性生活不节制，胃也会出毛病。中医讲望闻问切，眼睛一看就晓得他的病因，所以修道不那么简单。

第四十九讲

还丹——金一半水一半

建炉 采药 火候

堤防须先建

唤醒沉睡的灵蛇

防止外泄的堤

还丹——金一半水一半

这是很重要的一章啊，所谓“还丹法象”，这个能长生不死之药，脱胎换骨之药，叫做“丹”。但是这个不是外来的东西，是我们本来有的，“还”就是返回来，找到我们自己本有的长生不死之药，两个观念合起来称为“还丹”。上一次我们把原文念过了，我们找重点再念一遍。这两节的解释都很重要，之所以不能放过，因为这一段是讲修道，所谓神仙丹法，以及现在流行讲的什么任督二脉、奇经八脉，乃至密宗讲的三脉七轮等等，究竟怎么样才算真正通，重点都在这一章。

这个原文“以金为堤防，水入乃优游，金数十有五，水数亦如之”，都是要把握五行的道理，大家五行不熟，研究起来比较难受。黄金的数目为什么十五，水的数目又是十五，这是什么意思？“临炉定铢两，五分水有余”，这个临炉就是煮饭一样，如化学锅炉一样，到那个时候最重要的是分量要搞清楚，都是一半一半，各为五分。要研究《参同契》首先要懂得《易经》、《河图洛书》，这个是《易经》的象与数的关系。后天八卦每卦数字对面卦相加为十，是两个数合拢来就叫合十。佛教及印度的礼貌，两手合掌叫做合十，也是这样来的。我们中国的土话，合适不合适，也就是这个合十不合十。所以，“五分水有余”也是讲这个合十的道理。

“二者以为真，金重如本初”，这两种都合十了，合拢来就是我们生命的金性，生命的真谛。那么金水两个数字，“金重如本初”，金性就代表天地万有生命的自性，回到本来面目，本来现状。“其土遂不离，二者与之俱”，他这一段都是用五行讲的，我想原文不加讨论。下面看朱云阳真人的批注，发挥得更清楚，比较容易了解。上次讲得匆忙，我们从头再看批注文。“此节言金水二炁，为金丹之真种也”，这句话我们有得讨论啦，他讲还丹这一步的工夫，完全是讲金水两个炁。“二炁”是我们生命修道还丹的真正种子，这些种子拿到就脱胎换骨了。

现在先讨论金水，金水是五行的代表，上次我们提到过，拿人体来讲，肺气属金，肾气属水。说到“金水二炁”，由我们鼻子进来的气到呼吸系统，这个后天有形之气属于金气；肾气是水气，上次也提到过，我们借用现在医学的话来比喻，不能执著，这种液体的水气生精，是说精气充足，这是有形的。

金另外代表无形的，就是人性的本来坚固不动光明清净，心中没有妄想、杂念，像佛家经常说光明清净。在自己人性恢复到婴儿的状态，在一片光明清净中，那个就是金这个现象，是无形的。这时我们生命里各种机能，每个细胞都有水气上升的现象。在心念如如不动的时候就有这一点作用。“金水二炁”，在还丹的时候，也是这样。鼻子呼吸的气由粗变细，由细变微弱，变到好像停止呼吸，那么金性堤防坚固了。所以这个原文“以金为堤防”，就是呼吸气不动了，杂念乱想也不动了，就像打好一个堤防一样，堤防也就是内外隔绝了。

工夫做到把一切外缘停止，内在呼吸也可以宁静了，等于停止了，这时堤防筑起来了。达摩祖师不叫堤防，他说此心有如墙壁，墙壁隔绝了内外，外面打不进来，里面也没有动念向外跑。内外也是个比喻，不要以肉体为标准，认为闭着眼睛是“以内”，开着眼睛是“以外”，那就错啦；要体会所谓“大而无外，小而无内”的这个内外。

虽然此时心如墙壁，达摩祖师讲这样并不是道，只是“可以入道”，才有资格入道，也就是道家所讲的还丹，才开始返还，这才是真的堤防。道家用古代方法比喻，炉子里火力够了，水变成蒸汽，这是我们内部的东西，这个蒸汽就是道家所谓炼精化气，炼气化神这个阶段。他说这个就叫做水。

“盖还丹妙用，彻始彻终，只此金水二物”，朱云阳真人说我们修到返老还童、长生不死、脱胎换骨，从始到终只是金水两样东西。有些道书只写一个“些”字，拆开了就是“此二”。

建炉 采药 火候

“建之即为炉鼎，采之即为药物，烹之即为火候”，三个阶段都有它的变化，但名称不同。当“金水二炁”开始回转还丹的时候，我们这个生命本来回转的现象，叫做建立炉鼎，炉火起了上面有个鼎。我们打坐做工夫，达到架起炉鼎还不算数，一定要达到还丹这个现象。等于我们在锅里熬药一样，这个药起了作用，把它把握住，就变成丹药，吃下去长生不死。吃下去还不行，等于我们饭菜吃下去了，在肚子里还有化学作用。所以由采、炼到伏食，慢慢的一切一切都要像熬药一样煮，烹是小火煮，这完全靠火候。像煮饭做菜一样有大火、小火的工夫区别。

所以我们再三讲，道家可以传你口诀，没有办法传你火候。一切都依赖老师是靠不住的，那你永远做不成。火候只有自己去领悟，所谓意会心传，也许你超过老师，工夫火候调整得比他还好。这完全靠个人，不是老师们不教，是没有办法教的。在佛学禅宗的修持，叫做“知时知量”。等于吃饭，要吃几口才饱，只有自己知道，只有自己清楚。

现在讲了“金水二炁”还丹，炉鼎、药物、火候三步，最要紧的工夫都在这个上面，每一步骤现象不同，层次不同，名称不同，作用不同，靠你的聪明智慧才能了解。修道不是呆板的，说我光要做工夫不想求理论，你不会成功；光靠你学问好理论懂了，工夫不到也不会成功，所以很难。

除了架炉鼎、采药物、懂火候以外，“乃至抽添运用，脱胎神化，无不在此”，其间何时“抽”减火力，何时“添”加，重点都在此。譬如我们学佛的人，打坐的时候要心念清净，真到心念清净——空的时候，又不能太过了，太过于空与清净，会出毛病的。所以止观，有止有观，这就是定，到了某一个境界，你要有慧力的观察，就是这个道理。

这个抽添运用之妙，就像岳飞讲用兵，“运用之妙存乎一心”，就在于个人，神仙也没有办法帮你，他只能传你方法。譬如我们修道也要为健康而运动，动静之间如何抽添运用，不能说光盘腿打坐就好，或光练拳就好，其中的抽添运用非常之妙。再进一步“脱胎神化”，是讲脱胎换骨。我们这个肉体是假的，道家有一句话，“借假修真”，借这个肉体变化修道。后来宋明理学家也学了这个东西，学了静坐方法，是偷用佛家、道家的，又把所有东西改变名称，脱胎换骨叫做变化气质。理学也不是空口说白话，气质是具体的，不只是抽象的形容词，一个人的气质真能够变化，就有一点脱胎换骨的味道了。这是很难的，譬如爱说话的人变成少说话，爱用脑筋的人变成宁静，这些都是气质的变化，脱胎就是气质变化。

变化了以后还不算到达神化之境，这个神化就是“跳出三界外，不在五行中”。我只能向诸位讲，我站在学理的立场，研究数十年之经验，世界上确有此事。千万亿人学这个道，但真学成功很难，不是没有，不是这个东西骗人，这是个科学，所以我叫它是生命的科学。但是它不像物质科学，不像研究金银铜铁物质的东西；这个是回转来研究自己，自己本身就是化学的药品，就是物理的工具，所以做起来就更难。我常说人可以征服天下，但不能征服自己；征服了自己的人就是圣人，就是得道的人。除了仙佛以外，人是不能征服自己的。

堤防须先建

“然学道之士，当知所先后，未有堤防不立，而得金水之用者也。”因此修道家的人，包括学佛修道都一样，生命的真谛，借用西方哲学的话，真理只有一个，有两个就不叫真理。所以佛家也叫不二法门，不二就是一个。每一个教主，地区、时代、对象不同，所表达的名称不同，讲的话不同而已。所以学道的，笼统一句叫学道，当“知所先后”。《大学》中有一句“知所先后，则近道矣”，也是讲这个道理。修到哪一步也同火候有关，哪个在先，哪个在后，都有关系。

现在教我们怎么建立这个堤防，达到内外隔绝。譬如大家打坐，念佛也好修道也好，尽管修持很多年，堤防建立不起来。有时坐在那里，外面人一跟你讲话，或外境界一动，你就跟着动，没有堤防隔住。所以“心如墙壁，可以入道”，做不到，就是堤防没有建立。堤防没有建立，就像锅炉漏水，你永远煮不成东西，所以佛家称做“有漏之因”。那个达摩祖师，梁武帝问他佛法，认为学佛修道建庙子，以帝王之尊来做出家人的事情很了不起。但是达摩祖师给他一个钉子碰，说此乃人天小果，有漏之因，真用之修道没有用，只是做功德有用，死后会升天，来生的福报会更大，是有漏之因；修道是修无漏之果，他说你这个因同果两个不对。

有许多人，包括我们在内，一辈子喜欢修道，也一辈子离不开世法。有些人最好皇帝也能做，又做官又发财，家庭好儿女好，样样好。父为宰相子封侯，我在堂前跷起腿，最好是这样。来修道的都是有这种想法，然后又要吹牛救世救人，又想自己修道，他永远不会成功，就是因为自己心的堤防没有打好。所以魏伯阳真人这个原文“以金为堤防”，非常重要。下面解释什么是金。

唤醒沉睡的灵蛇

“坎中之金，本伏处而在内”，这完全是用阴阳五行八卦来解说的。学过《易经》就晓得，“离中虚，坎中满”，坎卦上爻、下爻都是阴，中间一爻是阳（☵），所以叫“坎中满”。所谓“坎中之金”又怎么讲呢？按照五行的道理，金生水，所以坎中之金是水中金。你们学过算命的晓得除了纳甲，还有纳音，甲子、乙丑是海中金，所以六十纳甲以及纳音，并不是偶然的，大家如果把它参透了，那是最好的一部生命科学，包括了物理、化学。把这些所谓阴阳变化弄清楚了，你算八字差不多有点把握了。

我们世界上有水里金、沙中金、矿中金，还有别的各种金。坎水里有金，这是什么道理呢？在我们身体上坎中之金，为水中的金，就是说腰部以下，因为下部生命属坎卦。不管男女，这个里头有金，这个金是坚固、颠扑不破的，不死之药就在里头。因为我们欲界的生命，譬如人，是从人体下部出生，下部属于海、属于水。密宗、瑜珈也那么讲，这个生命在海底。普通人没有经过修炼，这个海中金永远没有发起过，只是跟着爱欲两性关系向下流走了。就是所谓进入阴门去了，进入地界去了，不能上升到阳门，不能升天，不能升华。至于这个里头的金，人死了就没有了。

说金“本伏处而在内”，这个“伏”字注意呀，埋伏在那里，始终没有抬起头来过。所以印度的瑜珈画一条蛇叫做灵蛇。中国道家则画一只乌龟一条蛇。这条灵蛇永远埋伏在那里，昏沉在那里，如果抬起头来，这个生命就变了。

所以坎中之金，“本伏处而在内”，“然内者不可不出”，我们修道就是把本身里头本有之药引发出来，就叫还丹。可惜我们普通人，佛家叫凡夫，平凡地活着，平凡地死去，一生未能把本身的药引发出来。还丹就是要把坎中之金引出来，自己必须要把海底这个东西钓出来，就是“然内者不可不出”。钓出的方法很多，道家、密宗就是用尽办法，要把生命这个东西钓出来。平常它伏在海底，有时做坏事，其实做坏事它也在睡觉，它始终没有清醒过，它一清醒你就成仙成佛，长生不死了。

防止外泄的堤

“金丹作用，必须先立堤防，牢镇六门，元气方不外泄”，眼耳鼻舌身意都不动，六根与外界断绝，就是达摩祖师的话，这个时候，“心如墙壁”。堤防建立了，“牢镇六门”，不受外界任何一点诱惑。真正修道的人，到这个时候很无情的，死了人都不管，也听不见，天塌下来都不管，才能“元气方不外泄”，就看你能不能做到“牢镇六门”。有同学刚才报告，做不到无念。你光在无念上下工夫没有用，想做到无念的这个意念就在里头没有“镇牢”嘛！你老想空，老想无念，老想有一个境界，你把六门中的“意”门开得那么大，欲念那么大，又想成仙，又想悟道，又想入定，又想证到菩提，然后搞一大堆金丹，你的心都在外漏，都是有漏之因。所以我们讲，你上座就上座，把六根关闭了，“牢镇六门，元气方不外泄”。

“离中之水，易泛滥而在外”，前面讲坎中之金，就是水中之金，先讲什么叫水中之金，水的意思是流动性大，就像我们六根门头都向外流走了。你把六根门头封锁不动，不向外流，中间寂然不动，就是建立了水中之金。他先讲这一段，再解释“离中之水”，就是火里的水。离卦代表太阳，代表火，在我们身体上代表眼睛。离中虚，中间是空的，在肉体的内部代表心脏。火里头的水，容易泛滥，就是容易涨起来向外流。“然外者不可不入”，火中的水就是我们的念，欲念容易向外流。离是火，火代表生命的火花，男女青春期生命火花越大，欲念越容易泛滥；精力越旺，离中之水越泛滥，越以发泄为痛快。修道并不是压制的，是升华的，能够升华的话，那比凡夫追求的欲还更快乐。所以这个泛滥是向外的，但“外者不可不入”，不然怎么能升华回来证入内在！

“况堤防既立，不许泛滥”，所以堤防打好以后，使它不能向外泛滥，不向外流了。这个不是普通的精虫卵脏，是指“真精”。到那个时候有境界的，内在可看到它的光明威赫。“真精无复走漏”，开眼闭眼晓得身体内部发亮光，不是太阳、月亮、电灯的光，是自己晓得亮，那个“真精”威光赫赫，自然不走漏了。“自然优游入炉”，是很自然的，不是说练气功，什么外丹功、内丹功，什么蛤蟆功，现在外面还有什么马的功啊，牛的功啊！都有书送来，我都看到了，花样多了，讲了半天还有别的法门。我一提你们都知道都笑啦！那都不是，那些都有可能造成猝死。要想自求不死之道，是“优游入炉”，很自然地证到那个境界，优哉游哉，舒服得很，还要牛功马功、吊上吊下，这么痛苦干什么呀！

第五十讲

水火土互涵

金水神气须调和

调和神气的真意

把精与神修回来

工夫境界的变化

回复纯阳之体后如何

水火土互涵

前面讲到朱云阳真人解释坎中之金同离中之水的道理，这些都是形容词。“故曰，以金为堤防”，金者代表性，这个性就是本性；“水入乃优游”，这两句原文他都解释了，还没有完。他说“金水两物之中，本藏戊己二土”，这完全是阴阳五行了，金跟水这两样东西里头还有土，你们如果学过阴阳五行算命的就知道，子、丑、寅、卯、辰、巳、午、未、申、酉、戌、亥，十二地支中的“子”，单癸水，只有癸水。地支一个字之中有时包括一样，有时二样三样。所以学算命只晓得背，没有研究为什么子之中只有水。譬如到丑，其中就有水、金、土三样，就是癸辛巳。这是什么理由？光靠会背去算命，算命不要乱说，会害死人的，有时是造口业啊！依我观察几十年，玩这套的人结果都不大好，就是口业造得太多了。

“土之生数得五，成数得十”，这要懂得《河洛理数》了，天一生水，地二生火等等。土数属于五，五数是中间数，得其中。戊己两个土合起来，都有一半，都有五，两个五合起来叫做合十。两个土就合成十，阴阳家的专门名称叫做纳甲，学《易经》阴阳要懂得纳甲的道理。“坎中之金纳戊”，坎是水，水里的金，金里包含了戊土的作用。这是中国原始的文化，世界上最古老的一种物理学、一种化学，发明很久了。英国人李约瑟著的《中国科学发展史》，就对中国的古老科学非常推崇，认为是很了不起的东西。现在大家不晓得向科学方面研究，光向算命上钻，算那些不可知的，骗不了人，只好骗鬼。实际上都是科学的道理，也就是佛学《华严经》所说的，重重无尽法界的道理。拿《易经》来说，万物各有一阴阳，每一阴阳中间又自然形成了一个太极。万物各有一太极，各有一天地，重重无尽的天地。所以“坎中之金纳戊”，你看这就是三重关系了，“是得其十数之五也”，这也叫做得到十数的一半。“离中之水纳己”，就是火中之水有己，戊己都属于土，“是亦得其十数之五也”，也得到五。

“二土合而成圭”，这戊己二土合拢来成圭字。圭是古代最名贵的一种器皿，汉唐叫朝笏，朝笏是由圭变来的。我们普通文学上用的叫“圭臬”，至高无上，代表神圣的标准。

金水神气须调和

“两弦之炁，恰好圆足”，两弦我们知道，上半月下半月恰好圆满，这还是说理论说原理。“故曰，金数十有五，水数亦如之，堤防既立，方及临炉之用”，这两个一半都建立了，建立身心两方面，工夫做到了心念绝对清净，呼吸绝对地回转，就凝止了。呼吸属于生理方面，我们这个四大之身的生命是什么？是气，就是风大，一口气不来，人就没有用了，所以这个肉体的生命在于气。气不是呼吸，这个呼吸的气，是气的第三重的外形，修道必须要把这个生命的气回转来，所以叫做“元”。如此一来思想清净，没有妄念了，归到那个清净境界叫做“元神”。神与气是两个半个还在讲恋爱，还没有结合，不过两个已经把堤防建立了。“方及临炉之用”，就要到锅炉里头化了。

“临炉配合，仍旧是金水二物”，修道到后来，神与气两个结合了，就是心息相依，但是其中过程极为细微。“但铢两分数，纤毫不可差错”，要注意啊！这个时候做工夫，要非常谨慎。像天台宗六妙门入手数息观，一呼一吸加数字，中间还有很多方法，他们打起坐来，呼吸数了一千次，变成在练气功了。呼吸是生灭法，进来一定出去，出去一定进来，你数一万息同你什么相干呢？还是那一口气的来回。

究竟为什么要数息呢？那是调整，临时用的。一般学者不了解，你看宋朝陆放翁这个名诗人，“一坐数千息”，那有什么用？陆放翁活到七八十岁，总算是长命。但是我相信他不数息也可以活那么长。他这里是说有些人光练气，不晓得管心念，偏了；有些人光念佛或者观心，不练气，身体调整不好，也是偏了，修了一辈子也没有用。借用道家的话，单修性不修命没有用；光练身体修气，不修性也没有用。现在这里不叫性、命，把它改个名称叫神、气二者，这两个也是代名词。

“真水真金，二者须要适均”，金和水要调和得好，就是火候了。有许多年轻人要学禅宗，以为禅宗不讲工夫，我说禅宗语录你都懂了吗？连中文都读不通、写不好，你还读懂语录？譬如说禅宗临济祖师讲四料简，曹洞宗叫五位君臣，同道家讲这个“铢两分数，纤毫不可差错”是一样的。所以临济祖师说，有时让主做宾，有时让主做主，宾主二者也就是这两样东西，都是做工夫境界，不是那么简单。修道也好，禅宗也好，处处讲究工夫，但是一般人不懂。

调和神气的真意

“不可太过，亦不可不及。故水止于五分，当防其有余而泛滥，不可太过也。”水太多了也不行，漫出来就是太过。有些中老年人去学什么内丹功、蛤蟆功，现在牛功马功都有了，我说你会出毛病的，因为他练得太过啦！练太极拳也好，少林拳也好，太过了非出毛病不可。练得不及或不够，也没有用。修道也一样，要防真气的走漏，漏丹泛滥会出毛病。金也是这样，念头要它清净，完全不动了，变成白痴也不对。

“金亦须五分，当重如原初之铢两”，要刚到合十，“不可不及也。金水二者，既得其真”，要得到真的境界，“自有真土，调和其间”。我讲过的，真土就是真意，真意不是妄想也不是执著也不是念头，是自然知道。你们千万不要拿西方哲学家的话，说那是直觉！那不是直觉，因为直觉还是意识境界。真土是自然而知的，就是《中庸》所讲的“不勉而中，不思而得”，不要用心就到了，应该怎么样，自己就晓得把握，“调和其间”是这个道理。

“盖离中纳己，其五分之水，即己土也。”有意无意之间就把握住了。“坎中纳戊”，这是纳甲，“其五分之金，即戊土也。举金水二物，而真土在其中矣”，这还是讲理论。“及至戊己二土，会入中央，亦适得五分本数”，在有念与无念之间，拿佛家来讲，空嘛不是空，有嘛不是有，无念怎么是有呢？这是“戊己二土，会入中央”，在中间结合不动了。拿佛家的方式讲，禅宗百丈禅师曾讲的“灵光独耀，迥脱根尘”，就有这个味道。这就是“戊己二土，会入中央”，如如不动。这个时候不管下座不下座，你要离开那个境界也离不开啦，这就是道家讲的工夫来找你。

这个叫做“三家相会，恰圆三五之数”，三家就是神、气、意，后来也叫做精、气、神。因为这个神和气平常合不拢来的，我们这个思想和呼吸两个配不起来的，对不对？人在呼吸，思想也在想，两个各自行动。到要结合时，中间有个媒人黄婆，就是真意，所以要三家结合在一起，结果搞采补的人就把它变成真实事情啦。实际上它只是个形容，要男女双方见面，中间要有个拉线的罢了。所以《参同契》的原文说，“其土遂不离”，真意不动，这个真意是非空非有，即空即有。“二者与之俱”，神与气跟着这个真意也不动了，这个叫做得定。拿佛家来讲就是禅定。真正的“系心一缘”，一心不乱，真得定了。

把精与神修回来

“三五之义，出于河图”，这个道理，这个哲学的法则出在《易经》的河图。河图东南西北四方有黑点白点，“东三南二”，东面三点，南面二点，“木火为侣”，木跟火两个互相为侣。人生的苦境界在这里要搞清楚，你看两夫妻多恩爱啊，但夫妻是木火伴侣，所以结婚一定吵架的。“北一西四，金水为朋”，北方一就是水，西方四属金。“此处但举金水，而不及木火者”，为什么不谈木火两个字呢？“盖以金水为精魄，如人之形。木火为神魂，如人之影。”五行的木属肝，火是心脏。木火就是我们的神魂，金水就是我们的精魄。

魂是看不见的，我们的思想睡着时就变成魂，死后也变成魂，有作用而无形无相，所以没有肉体就看不见了。魄是有作用有形相，像年轻阳气就盛，到了老年精魄都散了，眼神也发白了，但是神魂还没有散。按照《易经》的卦象，这是到了第七变，叫游魂卦。虽然身体还活着，而神魂游于虚无之间，这个灵魂快要到土地那边去了。神魂如人之影，这个影不是我们灯光下的影，是思想上有个影像，等于我们形体上的影子。生命的精魄，精与神是可以修回来的，道家的工夫了不起就在这个地方，这是别家所没有的，是中国文化特殊的地方。

“形动则影随，寸步不离，木火之于金水亦然，精魄既合同而化”，你精神魂魄归到一起而起变化，“神魂亦与之俱妙矣”，只要把神气凝住，念头思想就不必管了，妄念自然没有了，真如正念也自然来了。道家走的是这个路子，而佛家光在那个念上打主意，搞了半天定不下去，因为气抓不住。道家是在神、气上打主意，神气拴住了，等于把情人抓住了，对方就非回来不可。佛家、道家、显教、密宗，各有各的长处，应用之妙在乎一心，就是火候。工夫难做就在火候，火候嘛，只能讲到这里啦！“此金丹造化之妙也”，这还是讲原理，解释原理。

工夫境界的变化

下节讲工夫的境界，我们回到老祖师的原文，“三物相含受，变化状若神”，三样东西合拢来，这个里头变化多啦，神妙不可测。下面把境界告诉我们，千古丹经都明白地说了，自己要做工夫的话，这些句子一辈子随时要看的，那岂止千遍万遍，你慢慢就悟出工夫，悟出道了。“下有太阳炁，伏蒸须臾间”，到这个时候，下面有朝阳出海那个现象，大地光明起来，整个地球由冷变成暖和了。在佛学四加行就是得煖，在密宗就叫拙火，指真的拙火，不是丹田、海底、肠子发烫叫拙火。这时的得煖境界，刹那之间它就来啦。“先液而后凝”，这个时候变成真液，从头顶下来，佛家叫做甘露灌顶，清凉甘甜的水液从头顶源源而来，所以朱熹有句诗，“为有源头活水来”。这个时候先是液体而后凝结，“号曰黄舆焉”，黄是地，舆是意志，天地玄黄之象，大地黄昏之象，有这个境界。

“岁月将欲讫，毁性伤寿年”，他说这个东西在人体上，是我们生命本来的，不晓得修行的人，年龄到了人性也散了，精神也没有了，一天到晚莫名其妙，“伤寿年”就是要死了。“形体为灰土，状若明窗尘”，死后化为灰尘，你这个肉体坏了，灵魂这个东西就走了，走了像“明窗尘”，形容得很妙。什么叫“明窗尘”？太阳照过窗子时，房间里头本来看不见灰尘的，太阳光一照就看到了，灵魂隐隐约约飞走，像窗尘一样，形容得非常妙。

我们看朱云阳真人的注解，“此节言坎离交会，金丹之法象也。”他说这一节就告诉我们什么是真正做工夫修道。由于别的道书直接写男女交媾，因此有的人就搞错了，把道家变成另外的法门了。其实坎是水，离是火，这个“坎离交会”就是水火相会。火是心中之念头，也就是龙；水就是老虎，这个老虎要下山吃人，做世间男女的欲事，青龙这个念头是把握不住水这个老虎的。

“金水两弦之炁，得真土以含育之，是为三物一家”，调和三家见面，在道家叫做三物一家。三家一结拢来，就要结丹，学佛的人真正得定，叫做入三昧。“其中自生变化之状”，这个中间有种种变化，“而神明不测矣”。身体内部变化了，心理境界上也变化了，变化太大了，所以有人不敢打坐，怕走火入魔。你还有资格走火入魔吗？你本来就是魔嘛！

在这个时候注意啦，“盖前后堤防既已完固，不容丝毫走漏”，但是不要怕，百日筑基，六根不动了，什么境界来都不管了。看见等于没有看见，听见等于没有听见，这个时候不能走漏啊！这个走漏不是指漏丹，是什么漏呢？我们凡夫六根都在漏，眼睛老花看不见，眼神漏完了，耳朵听不见，耳神漏完了。不过，当堤防已完固时，“不容丝毫走漏”，叫做不漏。这个境界完全告诉你了，所以非要反复读不可。

“炉中真炁，自然发生”，炉中就是我们这个身体，锅炉一样。这个时候，什么奇经八脉、三脉七轮自然打通，一下子自然来的。气脉真打通了，骨节变得同婴儿一样柔软，到了身轻如叶的境界。所以说真气发生，气脉才完全打通，现在把秘密给大家讲，这时这个气脉真正通了。

回复纯阳之体后如何

“然后抽坎中之阳，填离中之阴”，离是火，也是心念，离中虚（☲），取坎（☵）中一点真阳之，填离中一点真阴，这就成了纯阳之体的乾卦（☰）。返本还源，纯阳，光明、清净、圆满。所以到这个时候是真发生，然后是火候工夫了，到那一步自己晓得。火候太过没有用，气会冲出来；如果不够，你就“抽坎中之阳，填离中之阴”。

这个时候怎么办？“北海中太阳真火，熏蒸上腾，须臾之间，离宫真水应之。”老实告诉你就是丹田以下海底的太阳真火，这个拙火发动了。那天讲过，拙火也就是灵热发动。同时上面的真水下来甘露灌顶，很自然的，不要去想它，有一念一动都不是实在的，所以不要动念，这个生命的功能自然来了。

“先时化为白液”，你睁着眼睛自己都晓得这一步，放光啦，道书形容为白液，变成水浆那个颜色；“后乃凝而至坚”，所以水火既济了。密宗修法也告诉你，这一结合变成一个东西，叫丹头一点。可是你不要把它当成一个实际的，但是也不是不实际！你会说，这么说叫我怎么懂？本来你就不懂，你不是神仙，到了神仙境界你就懂啦！“两者交会于黄房”，上下交会在中宫，有交会感，得大乐。“运旋不停，有黄舆之象”，这个里头旋转得厉害，你会知道，你打坐在那里天翻地覆，你会吓死。所以修道要不怕死才行，这个境界，胆子小的就下座了来问老师，那就完了，永远修不成。平常道理已经懂了，这个时候靠自己指挥。

“所谓婴儿姹女齐齐出，却被黄婆引入室也。”这是形容入室很隐蔽，拿现在讲太黄，道家常讲到黄色地方，他说这个时候等于娶老婆的要派车来接那位小姐了。过去是拿轿子来接。接到这位小姐上轿，男女两个入洞房了，有这样一个结合的象征。那完全是洞房花烛夜，金榜题名时，就是人生得意之状，有这个味道。这个时候是婴儿姹女两个见面了，神与气结合，被黄婆引入室，是真意把它结合拢来。这个时候另一种生命在结合后要开始了，你看这个生命多奇妙啊！

“然此两物未交之前”，在两个没有结合没有交媾之前，“当以真意合之”，真意若有若无，以已知之性来引导，稍稍留一点意。说小心留意是修道做工夫的话，做工夫的火候，一个人哪能把意留住！一天到晚胡思乱想，意能留住就差不多了。“两物既交之后”，两夫妻交合以后，“又当以真意守之”，这个就叫定了。“一点阳炁，敛入厚土中，生机转为杀机”，他说到这个时候，要真意守住这点真阳之气，“敛入厚土之中”，凝结了，收敛了，这个时候就算想起妄想，一个念头也起不来了。“生机”是本来生生不已，我们这个思想本来是乱跑，这时要起一个念头起不来，不过“生机”久了也要杀死。

所以道家说，若要人不死先要死个人，并不是叫你真死，是把念头打死。学佛的人打七，“打得念头死”，念头打死了，“方得法身生”，那个不生不死的法身才起来。这个生命，这个时候“生机转为杀机”，所有念头都死了，“譬若穷冬之际？万物剥落而归根”，就像冬天到来，外界是一片萧瑟的气象，所有的一切生命内敛，“故曰，岁月将欲讫，毁性伤寿年”。这一段朱真人讲得很明白啦，是很重要的修道还丹的工夫。青年同学们听是听了，听了没有用，连我都不懂，我只是讲书的。你们听了不要出去吹，然后又传人家的道，害死人不偿命，将来下地狱去。所以这个不可以骗人，修道不可以未得言得，未证言证，那是大犯禁戒的，在道家叫罪犯天条，不得了的。

第五十一讲

气脉真通时的现象

入定后的变化

乾坤交 大还丹

不死之药

采丹药的方法

小心注意的事

气脉真通时的现象

我们继续看批注，这是很重要的。上次讲到如何是真正的“坎离交会”，道家所谓结丹的现象。不管学佛学道、显教密宗，我们要研究人的生命，超越现实，进而永恒掌握自己的生命，除了这个路线以外，没有第二条路。也许我的观念不一定对，希望大家注意，尽管表达方式不同，如佛教得定，密宗的各种成就，如果分类来说，都有它的道理。但是代表形而上的“性”和形而下的“命”，两个真正地结合为一，返本还源，这个路线是必然而呆板的。这也就是身心结合，精神和生理混合为一的修炼。这等于说真理只有一个，没有差别。道家用中国文化的术语，叫它做“坎离交会结金丹”。

由于道家与密宗的影响，现在很流行讲气脉，气脉怎么样才是真正的通呢？就是前面说的三家会合。许多人是在身上搞感觉状态，认为气走到那里，像虫爬一样，有股东西在动，或者发烧等等是气脉通了，但都不是，那只能叫“凡气通”。这个名称是我创造的，意思就是感觉状态，比普通感觉加强了一些，但不是真正的气脉通。现在这一段很重要，是讲气脉真正通了，就是这个时候，乃至密宗讲所谓中脉，也在这个时候通了。他把这个境界、工夫程序，都在这里告诉了我们。

“初时神入炁中，寂然不动，似乎槁木死灰”，真正得定的那种情形，神进入炁里，像装香肠一样，把肉装进来了。这是比喻，不是很妥当，只表示两个东西混合了。这个神代表我们佛学所讲的心，就是说思想、精神进到里了。是什么呢？不是呼吸的气，不要认为是天台宗的六妙门。拿儒家的观念来讲，打坐数息、随息是治心，就是佛家的调心。因为我们的思想很乱，拿个东西给你把握住，这个不算“神入炁中”。当“神入炁中”时，外面呼吸完全停止了，气脉完全通了。这时的现象是身体感觉没有了，身体的障碍没有了。我们现在都觉得有个我坐在那里，有这个肉体，如果没有感觉这个肉体，呼吸完全宁静，一切的思想寂灭停止了，就连那个灵明知觉之性也清净了，因为气的凝住，神与气两个结合了，也就是“神入炁中”。

“寂然不动”，这个时候清净寂然，佛家的说法是“空”，所有念头一切清净了，内外完全如如不动，这就叫做入定了。依佛家来讲这是正定的一种，这个时候人的外形好像槁木死灰。所以修行用功不到这个程度，都不要谈，那都是大家哄着玩！你恭维我，我恭维你，彼此交相骗，以为修道之人就是这么两句话，骗过去算了。

那么，这个定要用多少时间才会到达呢？不知道！如果你的运气好，应该说是你的善行功德够，就不会遭遇挫折，一路就上来了。假定你的工夫到这个程度，但是善行功德不够的话，还是要出毛病，各种所谓魔障、障碍会磨难你，所以修道人到这个时候屡成屡败。经常到达这个境界还不算难，可是呢，破坏掉了又要再来，再来就是要筑基，重新来过。再来比较快，但是你善行功德没有的话，再度遭遇魔障而失败，却没有机会再来了。这个要特别注意，这个地方是讲工夫的实际境界。

入定后的变化

可是要特别提醒诸位，真正得定如槁木死灰，这个时候要注意了！外形看这个人瘦得不得了，枯槁了！你们可以参考《庄子》、《列子》，其中讲到列子碰到一个人，本事很大能知过去未来，是得了道的。列子就带他回来见老师壶子，那人一看壶子就走了，告诉列子说，你那个师父不行了，没有几天就要死了。列子就告诉壶子，壶子一笑说，我给他看的是一个境界，你明天再带他来。第二次一看，那人说，现在你老师看到我有生气了，有救了。第三次再带他来看，那个人回头就跑，下不了结论，跑掉了。所以，你看我们一般读《庄子》、《列子》，都认为那些是假托比喻的话，其实讲的都是真话，是实际的境界。不过没有人有那些工夫，一般读书人哪里懂得！所以都认为是比喻。到这个境界——“似乎槁木死灰”，这几个字要注意，外行人看到好像那人就要死了。

下面你注意啊！“久之生机复转，一点真炁，希微隐约，滃然上升”，这个定不知要定多长时间，定久了以后，这就真叫气脉通啦！这是再进一层的一阳来复，再进一层的活子时来了，这是真正的活子时。以道家的术语来讲，这一阳来复，一个新的生命重新开始，所谓“生机复转”。本来入定是槁木死灰，现在一点真气，他形容“希微隐约”，这四个字并不是有现象，也并不是看得见摸得着的，也不是感觉得到的，是若有若无之间。这就没有办法了，要靠你的智慧，到那个时候自然会知道。

“滃然上升”，从哪里上升？以现在流行的术语，有印度的瑜珈、密宗等等的翻译，是所谓从海底。在道家古书说，一点真阳从虚无中来。虚无是莫名其妙的空洞之间，空到极点，静到极点，从下面发上来。但是一说下面两个字，你可能会抓到一个肚脐，或抓到一个海底了，那都不对的！不要抓个部位。海底、丹田当然有影响，但不是从这里来，是要静极而来的。老子讲的“致虚极，守静笃……夫物芸芸，各归其根”，就是说要空到极点，静到极点，才会归根复命，恢复自己原有的生命。老子讲得很简单，几句话一个原则，没有讲详细的工夫。

这里所说的，等于批注了老子那一段的工夫。这个时候，“一点真炁，希微隐约，滃然上升”，要注意啊！古文不是随便引用，朱云阳用这个“滃”字，不像现代人写文章，随意用字，写古文一个字下得非常慎重。“滃然上升”有水蒸气的意味，蒙蒙的这样上来，就是密宗所谓得了拙火，慢慢一路自然冲上来。

“有如野马尘埃之状”，年轻同学注意啊！很抱歉，我发现许多年轻同学，不论你们有什么学位，乃至博士可以教书了，中国字都认得了，可是不通。“野马”不是指一匹马，“野马”是什么呢？这是《庄子》第一篇《逍遥游》所提出的名词，“野马也，尘埃也”。所谓“野马”就是佛经上讲的

"阳焰"，就是太阳的光影。这个时候阳气上升，万一有人工夫到了这个程度，看到光影上升，不要认为这个就是阳气！这是阳气的投影，它的本身还不是这个。就像是你眼睛不舒服了，揉一下马上所看到的现象，那个不算数的。所以说"如野马尘埃之状"。

"故曰，形体为灰土，状若明窗尘"，所以他说外表这个时候定了，像槁木死灰，没有什么光华，"此为坎离始媾，大药将产之法象"。要注意这个！这个叫做"坎离交媾"，也是形容这个童男童女，阴阳交媾，这是大药将产时的现象。这个大药就是金丹，自己本身生命中有的，经过自己的锻炼，恢复了，得了这个药就长生不死。

乾坤交 大还丹

现在回到《参同契》的原文，"捣冶并合之，持入赤色门。固塞其际会，务令致完坚。炎火张于下，龙虎声正勤。始文使可修，终竟武乃成。候视加谨密，审察调寒温。周旋十二节，节尽更须亲。气索命将绝，体死亡魂魄。色转更为紫，赫然称还丹。粉提以一丸，刀圭最为神。"这段原文我们假使拿白话做批注发挥，又是一套了。我觉得古人讲得很好，不需要画蛇添足。像宋代的朱夫子朱熹，研究这个就想批注，一辈子痛苦，因为没有搞通，只好化名来写批注。这是要真正做工夫才能达到的，不是空洞理论。这一节原文我们念过了，下面是朱云阳真人的解释，每一句都有发挥。

"此节言乾坤交媾，还丹之法象也。"注意啊，上一节是"坎离交媾"，是大药将发生的一个现象。坎离两卦，代表了日月，坎卦为月，离卦为日。离卦从哪里来呢？从乾卦来，乾为天；坎卦从坤卦来，坤为地。天地不是有形的天地，是抽象的天地。乾卦是纯阳，乾卦的中爻变成阴爻就是离卦，阳中之阴，所以离卦代表太阳。这太阳中间，拿《易经》的现象上来讲，它有黑点，为阳中之阴。坤卦是纯阴的代表，中爻一变就变成了坎卦。坎为月亮，月亮本身不能发光，要吸收了太阳的光明才发光。我们今天人类社会在地球上，所看到的天地宇宙的光明，是靠日月运行而来的。太阳月亮本身哪里来呢？是宇宙自然有个法则来的，这就叫做天地，卦的现象叫做乾坤。现在他拿这一个法则说明人体就是个小宇宙、小天地。所以，开始结丹的现象叫"坎离相交"，进一步超越这个坎离的境界，就是"大还丹"，也叫"乾坤交媾"，这比"坎离交媾"更进一步了。

"坎离既交会于黄房，抟炼两物，并合为一，养在坤炉之中"，前面刚才讲到坎离相交，神进到里头，念也不动了，那真是一念不生全体现，禅宗有个悟道的偈子就有这两句话："一念不生全体现，六根才动被云遮。"六根就是眼耳鼻舌身意，要怎样才使他能够不动呢？非要气住脉停不可！气住脉停就是命功，"一念不生全体现"就是性功。拿道家的立场说这两个，结合拢来就是"坎离交会于黄房"。黄房在中宫，在人体来讲正好在脾胃这个部位，心窝以下肚脐以上。这个中间中心点的部位，神气自然凝结了，中宫充满了。大家自己摸摸看，这个部分凹进去，即使你是一个胖子，这里还是能摸到的。如果这一段凹的，就是没有打通。真到了这个时候，打通于"黄房"，还要定下去，还要凝静下去。“抟炼两物”，“抟”，好像揉面粉搓汤圆一样，自己在身体的内部揉这两样东西，在混合，等于画太极图一阴一阳的旋转。“抟炼”这样旋转，要经过多久？经过多少境界？经过多少层次呢？每人不同，就看个人的机缘、个人的身体、个人的功德成就。在内部“抟炼两物，并合为一”，所谓神气凝结了，无中生有，没有实质的东西，但是却有那个作用。凝合在一起了，然后“养在坤炉之中”。

吕纯阳的诗：“一日清闲自在仙，六神和合报平安。丹田有宝休寻道，对境无心莫问禅。”就是到达了这个境界。“一日清闲自在仙”，哪里去找神仙呢？人能够做到有一天清闲自在就是神仙了。“六神和合报平安”，眼耳鼻舌身意要能和合，心境都在平安境界中。所以“丹田有宝休寻道”，不要另外去找一个道了。“对境无心莫问禅”，心念也空了。“养在坤炉之中”等于吕纯阳祖师这个诗的境界。这一段很重要的！世界上打坐用工夫真正能够到达这样的，几乎没有。

不死之药

“时节一到，大药便产，所谓水乡铅，只一味是也。”这个时候，一定多久呢？每人都不一定，所谓本身生命产生大药，这个是长生不死之药，不是长生不老之药。根据道家的《黄庭经》，这不是外药，是自己本身有的“内药”，叫做“内丹”。道家所谓“上药三品，神与气精”，精、气、神真正地结合了，这是长生不死之药。我们为什么会死，因为精是精，气是气，神是神，三样分开不能凝结。凝结拢来，佛学叫“定”，道家不叫“定”叫“凝”。实际上讲“定”是讲原则，“凝”是讲那个现象，两个字各有它的妙用，“凝”比较好。

这个大药也是本身来的，精、气、神在这个时候凝结住了，已经在我们这个身体锅炉中酝酿很久了。所以道家比喻像女人怀胎十月，这个“定”等于怀胎的现象，快要生产了。所谓“水乡铅”，“水乡”又是代语了，所以看丹经道书很麻烦，壬癸水，属于北方坎卦；“铅”也是代语，本来水银的性质很流动，有了铅水银就固定不动了。就是说我们的思想杂乱，妄想多，停不掉，一旦精气、元气凝住了，你要想乱想也想不起来了。你说那不就什么都不知道了吗？实际上什么都知道！但是没有杂念妄想。

张紫阳真人说，“烦恼无由更上心”，你想要想一件痛苦的事，或又生气又烦恼的事，都想不起来了。有人打你几个耳光，吐口水在你脸上，你想自己应该生气，可是没有气了，这个时候就是这样。所谓“水乡铅，只一味是也”，只有这一样东西没有第二样，这个就是“药”。

这个“药”是怎么来的呢？所有丹经道书你去研究完了，只告诉你这个时候会有药来。实际上也用不着讲穿，讲穿了也没有用，到那时自然会知道，是一个东西来了。刚才已经跟大家讲了，我没有道，我是说书的，这不是谦虚，我若有了这个药，已经跑掉了，何必在这里卖嘴巴呢？我是根据学理告诉大家，这个时候只有你自己会知道这个东西来了，这个就是真的到达结丹。

所以你不要去追问，追问也没有用！你打坐连普通的定境都做不到，你懂这个又有什么用呢？拿去吹牛，然后装成自己是一个老师的样子，到处去教人，传一个打坐，传一个口诀，那是在造业啊！不可以这样做！所以你要注意，这里是个大关键，丹经道书不是故意保留的。丹经道书难读，等于读司马迁的《史记》一样，把全部《史记》都融会贯通，你才会懂某个问题在某一篇、某一句已经有了，都已答复了。丹经道书的情形也是这样，他说这个长生不死之大药，就是金丹了。

采丹药的方法

“大药既产，即忙采取。当以真意为媒，迴风混合，徐徐从坤炉，升入乾鼎，方得凝而成丹。”这个都讲得很明白。注意啊，你们讲气脉通，中脉打通，通了又怎样？不过像打通一个山路，通了好走路。气脉通了就是这个意思，不过通了以后还有很多修持。“大药既产”，这个东西来了，“即忙采取”，赶快要把握，错过就跑掉了，离开了身体生命，又散之于虚空。如果先动手先用念头去把握，则变成妄想，没有用，要出毛病，会走火入魔，因为用思想硬去想出来是不对的。如何后来把握它呢？它已经升华飞掉了，所以这个重点太难了。“即忙采取”是要像采落果一样，刚好落地就拿到；刚好一个球抛过来就接到了，这是最难的。这种工夫像伍柳派讲“水源清浊”一样，等于夜里睡醒男人阳举或像女人两乳发胀，就要赶快起来打坐！如果慢一下，在床上多赖一下、昏一下，晚一步起来，那就没有用啦！刚醒有那个现象时，赶快起来，一凝定就对了。一次一次，身体越来越好，这是“即忙采取”。我刚才说是比喻，你不要说自己每天都有“大药”，你那个是“小药”，不算数。

所以，“采取”并不是有意去做工夫，有意做工夫都是妄想。那么怎样采取，谁在采取呢？道家的旁门左道法门很多的，我现在就公开把他打破：有些人传你，等于在犯手淫，精快要漏时，在某一个穴道指头一点，把它抠回来，认为那个采回来叫“采药”。我告诉你，你这是想快死呢！越练得好越快死！像这类人到前面，一看便知，一脸乌气，慢慢会练到胸口发闷，后脑发胀，两唇发紫。那等于是闭精的法门，他以为采回来，练到好像无欲了，不是的，男女这两个穴道不能乱用的。这一派好像有本书叫《性命法诀明指》，就是专传这个，危险极了！可是很多人去练，这样修炼的结果，多半会得肝病死，身体好一点的得肺病死，所以采药不是这样采的。

还有些比较正派的，就没有点这个穴道，而是在精要流走的时候用气功，就是“忍精不放”。这也是会出毛病的，经脉会闭塞，久了面黄肌瘦，脑力、记忆力减退，问题也很多。这虽比刚才所讲的旁门好一点，稍稍正了一点点，但还是旁门。所以道家的所谓旁门左道，在《参同契》里就说有千条又万缕，演变下来，变成现在的什么一贯、二贯乃至五贯，以及什么鸭蛋教、同善社等等，甚至国内外各种道门，像修鬼道的、修灵魂的，哎呀！一塌糊涂！

小心注意的事

这个正道，所谓正统道家采药，他都告诉我们了，当以

“真意为媒”。这个“真意”是什么意思？想得长生不老之药的人，还会对自己假意吗？诚恳得很呢！自私得很呢！哪里会用假意！这个意思是说，有这个念头就是假意——所谓假意是虚妄的，佛家叫妄想。妄想就是假意，换个名词而已。如果用妄念去练气就通通错了。这个真意就要懂得佛学唯识的第七识，叫意根，很难形容。佛学有个名词叫净念，修净土念佛的叫“念而无念、无念而念”的那个念，就是真意。那属于非空非有，即空即有，并不是妄想。如果你说它动了，赶快采药来，成丹啦！这是你发疯了！保你出毛病，因为这就是妄想。真意是若有若无，不迎不拒，坦然而定，稍稍带一下，两样东西就凝结住了。如果你用妄想一加就有作用，有作用而变成后天就完了。结果你采得红光满面，精神百倍，一身百脉发胀，非发泄不可，不然受不了。而且冲得厉害会令人发疯，真的！那个力量一来大得很！一身都发胀，十个指头都鼓圆，一身都充满了气。你称体重，增加一两公斤也是有的，都是气的关系。

这个“真意为媒”的时候，暂时不能休息，一停那个真意跑掉了。“迴风混合”，注意“迴风”这两个字，鼻子呼吸没有，身体呼吸也停了，在身体内旋转，真正的胎息，内呼吸起来了，慢慢地，古文是“徐徐从坤炉升入乾鼎”，从下面上升，到头顶这里打开了，中脉通了，升到“乾鼎”。佛像头顶上的一块红色就代表这个，“升入乾鼎，方得凝而成丹”，叫做“乾坤交”，与外面宇宙阴阳交媾了，这个叫做“天元丹”。由人元丹到天元丹，那是要和宇宙相交的。我经常说，这才叫做密宗的真正灌顶，是凝结拢来而成丹，是谓天元丹。

可是大家要注意，初学的人，有时候也会觉得头顶发胀，头顶晕，也觉得空了，不过那是高血压！几十年来见了许多学佛学道的，都是三种病死的，脑溢血、心脏病，再不然就是精神分裂。至于因癌症而死的，算是普通的了，算不了什么！年纪大了，身体里头有结块的东西，有些就是癌。但是如果真到了结丹，绝没有血压高，绝没有精神分裂，所以你们自己不要胡乱弄。很多学道或学佛的都是自己把自己搞坏的，尤其是老年人，头昏发胀是不行的，年轻身体衰弱的也是不行的，都会变成精神问题。只有真气上升，自然打开，那个时候你要它下来停住，都停不住的，那是自然打开。打开以后，就如庄子的一句话，“与天地精神相往来”。平时我们说与天地相往来，那是吹的！天地根本不理你，我们想跟它相往来也办不到。到这个时候，你不想跟天地相往来还不行呢！它要来找你与你相往来了。

第五十二讲

还丹后的锻炼
防止泄漏的方法
体内龙吟虎啸
文火武火配合烹药
自身阴阳要调好
阴阳多变化

刚才讲到乾坤交媾的大还丹，到了顶上凝而成丹这一节。

还丹后的锻炼

“故曰捣冶并合之，持入赤色门”，在顶上与天地精神相往来，与天地交媾大还丹。所谓天地大还，回转来，他形容像药店里捣药一样，还要锻炼并合拢来。赤色门就是胸口，天地的精神与我们自己的，下来进赤色门到心中。

“此二句，有吸舐撮闭，无数作用在内”，我们一般练气功做瑜珈术，学密宗道家，“吸”是自然有吸气的作用。我们的鼻子，浑身的毛孔，也有这个作用，好像永远在吸气，把天地之气吸向里面。上面那个境界也在吸天地的精华。“舐”，这个舐就很妙了，道家叫做“无上之密”，过去在道家是不传的，现在我都公开讲。我们当年磕头求呀，求得好痛苦，学了觉得没有什么了不起。我们打坐时，舌抵上颚，这个时候舌头正立起来，在较后位置有个小舌头、喉管这里，就封锁了。鼻子也直接给他封锁，自然抵住了，这是讲气脉通了。所以气脉通了没有，一看他的体形，由这一点就看出来了。这个你们年轻的不要学了，免得去批评这个那个，那很罪过。

喉结之下，密宗叫做喉轮，认为喉轮下面气脉打通后，这个人没有妄想了。道家讲得更严重，这个喉结，尤其男人看得很清楚，我们身上好几个结，大家注意没有？喉结这里一个，心窝子有一个，下面有一个，尤其女性，盆骨那里生孩子要打开的。这三个地方三结，这个结都会打开，打开并不是没有喉结了，喉结照样有，是里面打开了。打开了，道家叫做打通生死玄关。这个生死玄关打通了的人，发言吐语的音声不同了，他可以跳出普通的生死，生死也有办法控制了。有时大家打坐觉得喉轮这里很胀，有时到了这里过不去，像有痰一样，想吐也吐不出来，就是这个关口没有打通。

“撮闭”就是前阴后阴收拢来，闭掉了精门。假使是生过孩子的女性，或者年纪大的，这个时候返老还童，变成少女一样，自然撮闭。这个里头的工夫、境界，“无数作用在内”，那实在太多了。一般人打坐，在某一个境界、某一个程度也偶然碰到这种现象，不要认为有道了，那叫瞎猫撞到死老鼠，靠不住的！因为这个时候要能自己做主才算。“无数作用在内”这一句话，在自己的书上就要圈起来，这里头东西太多，意思跟你讲不完。到这个境界，就是说“天元丹”凝结回来了。

“赤色门，即绛宫乾鼎是也。”绛宫就是心口，由胸口一路起到头顶的气脉都是通的。“药既升鼎，渐凝渐结，又徐徐从乾鼎引下，送归黄庭。”到这个时候，已经两三步来去了，中间如果碰到魔障，断了就断了，又变成凡夫，乃至变成比普通人还惨！如果都不断，“又徐徐从乾鼎引下”，从上面下降，“送归黄庭”，再回到黄庭这个中宫。

防止泄漏的方法

“此时当用固济之法，深之又深，密之又密。直到虚极静笃，一点真阳之炁，方不泄漏。”到这一步更难了，又重新回转来，一上一下就是一升一降，同地球物理一样。像前两天很闷快下雨了，古人的诗“万木无声知雨来”，万木包括了草，夏天的天气闷得连草都不动，一点气流都不动，闷极了，地心的蒸汽要上来了，所以“滃然上升”。地心的蒸汽上来，一冲到上面刚好碰到虚空中有冷气团，冷热一结合，下降就变成雨了。修道也是这样，这个甘露下降时，自己自然会“吸、舐、撮、闭”，不是要你有意去做。所以奇怪就在这里，是你身体这个生命，到那个时候都自然会动起来，自然晓得吸，自然晓得舐。口在这里开了，吃天地的东西，下面自然凑拢来了，前面自然就关闭了。男女都一样，自然的，不要你指挥它，这是生命的功能、本能。

这样“送归黄庭”，到中宫来。此时最难啦！这个时候要能不漏，这并不是指睡梦不遗。“此时当用固济之法”，什么法子他没有讲，总之用方法坚固起，绝不能漏，要六根不动，要六根大定。如果突然告诉你股票大跌了，你当然要下座了，那早漏掉了。这个所谓“固济之法”，“深之又深，密之又密”，封固了六根不动，“直到虚极静笃，一点真阳之炁，方不泄漏”。前面已经讲过，这又是第二层了，所以

"九转还丹"，道家就是这样转，并不是说你把气从背下面上来，到前面一转，转了几圈就打通了，那不是的。

"故曰，固塞其际会，务令致完坚。"原文讲固济，就是"固塞其际会"，坚固身体与外际的关系，不交感了，必须使它极坚固，这个时候要闭关了。修行人真正闭关是这个时候，普通人一般讲闭关是没有资格的。"固塞之极"就是六根不漏了，"一阳动于九地之下"，阳气又在下发动，"形如烈火"，这个时候厉害了，密宗翻成"拙火"，也叫"灵力"，显教就是先得四加行的煖。其实佛法的修持都有，显教佛经上都告诉你了，不过一般解释经典的法师不讲工夫，所以批注不同。这个"形如烈火"是煖了，拙火发动了，这股力量冲出来，没有办法叫它静止。

体内龙吟虎啸

"斩关而出，正子时一到，亟当发真火以应之。"这个才叫做"正子时"来了，这里不是"活子时"，是真正自己生命当中的"正子时"，一阳来复，一阳初动。那么，要"发真火以应之"，这就难了。假火是物质之火，我们身上的火在哪里？佛家有时候叫"三昧真火"。"三昧"是定中的境界，这个真火发动了。有些修密宗观想火光，结果观得一身都发烫，以为自己拙火动了，那是很糟糕的，是病相。究竟什么才是真火呢？我首先给大家讲别家的批注你就了解了。《楞严经》上说"性火真空，性空真火"，就是这个东西。所以"真火"就是"真念"，上面不是用真意吗？这个地方叫真火，就是有念无念之间出来的那个火力。这个火力，叫他热力也可以。火力哪里来的呢?你看到打铁的拉风箱，用风去吹动那个火，所以这个时候，有形的来往，就是练气了。

“霎时乾坤阖辟，龙虎交争”，那个境界大得很，整个的下部、头顶都在动，那硬是动！都打开，全身都有震动的现象，山崩地裂一样，怕人得很。胆子小一点的话，在这里就倒了，这叫修逃，赶紧逃避了。很多人打坐有一点境界就吓死了，不敢坐了。“乾坤阖辟”，“阖辟”就是一吸一撮一样，开合很大。“龙虎交争”就是有争战之相。

“便有龙吟虎啸之声”，“龙吟虎啸”，自己内在硬是有龙吟，声音大得很，但是坐在旁边的人不知道。里面的声音如雷，有时脑子像打雷一样，整个的震动了，会吓死你，人都昏了。下面的气也在动，上面又龙吟，这些都是实在境界。现在有些人打打坐，脑后听到煮饭水烧开了一样吱吱叫，那个不算，不过已经不错了。伍柳派的道家叫做“脑后鹫鸣”，这个没有什么了不起，是气脉通过后脑玉枕，没有走通的关系，那个不是“龙吟虎啸”。现在回转来讲“龙吟虎啸”，那就大了，这个时候所谓真火发动，“故曰，炎火张于下，龙虎声正勤”，这是一步一步工夫，他讲到这里又停掉了。所以丹经道书之难懂，他不告诉你；不是不告诉你，是你自己会了，所以下面不讲了。你说他讲了没有?

文火武火配合烹药

“大药初生，用文火以含育之”，这个时候念头要清净，用文火了。文火就是小小的火慢慢地炖。先用文火，再用武火，“方得升腾而出炉”，这个时候才能由下向上走。这中间好像没有答复，但又答复了你，里头很多问题。为什么这些古人所谓祖师们，写到这里好像都很舍不得讲一样？因为很难形容，很难讲！任何一个字下错了都害死人，后人都会执著那个境象，所以不愿把人家教错了路，宁可简化而不宣。不像现代人的著作都是吹牛的，自己还没有三分成就，就讲成十分八分了，都是乱骗人。古人不会的，尤其这些叫做传天地的正道，绝不敢乱来。但是刚才我讲过，你要熟读丹书才懂，因为他散开了，在别的地方已经说了。

“大药既生，用武火以煅炼之，方得结实而归鼎。故曰，始文使可修”，开始用文火烹炼，“终竟武乃成”，到了真阳之炁一动，就要武火来了才成功。“此中火候，不可毫发差殊”，这个火候差一点都不行，难之又难。“当用文而失之于猛，则火太炎矣”，如果该用文火的时候，你用武火来，把它烧焦了。“当用武而失之于弱，则火太冷矣”，应该用武火的时候，你结果用文火，太冷。其实不要说这个，平常大家打坐做工夫修道，也要文武双全的。有时候要动，不一定死坐的，所以我叫你们要运动，太极拳太文火了，有时候要少林拳武火一点。有时候，你该用文火的时候就要静，一动一静之间要能掌握好。印光法师是讲净土宗念佛的，但是他警告后人的话倒蛮对，“动以修身，静以修心”。

“必相其宽猛之宜，调其寒温之节，方能得中。”这个“相”字要当动词来看，不是现象那个“象”。“相”是辅助，他的意思是这个时候，我们要辅助自己的工夫。“宽猛”，拿政治来比方，有时候法网要管理得严，这是猛；有时候要宽大。这“宽猛之宜”，该放松的时候放松，该修整的时候修整。“调其寒温之节”，该冷该热，等于冷气要晓得调整，不然太冷了，得了冷气病也不对。晓得调整，“方能得中”，完全对的时候，就中节了。

“故曰，候视加谨密，审察调寒温。子时从尾闾起火，应复卦，一阳初动，是为天根。”为什么讲子时呢？一阳来复，阳是从下部发生的，“从尾闾起火”，实际上就是从海底、尾闾、会阴穴这个地方发生。“应复卦”，拿《易经》的卦象来讲就叫做复卦，一阳来复。“一阳初动”叫做“天根”，从下面来。我们修道人的性命就是静到极点时从下部动。其实何止修道，每个人也都是这样，生病就要休息，常常中医、西医都不管这一套了。我看到人家生病，第一个吩咐注意这个问题。有人生病躺在医院快要好时想回家，因为精神好了，性的欲念冲动，要回去玩玩了，都是这样死的。有些病也是那么得的，有些人，我问他怎样得病的，他说不知道。其实就是在做爱时得的，这叫高兴快活的死，就是这个道理。

自身阴阳要调好

修道也是一样，你看普通人精神一旺，欲念跟着来了，即使没有欲念，也漏掉了。所以万人修没有一个人成就的，在这第一关就过不去。这第一关纵然给你守住了，这一步一步的工夫，又来了一阳来复，每一关你都过不去。阳气一来的时候就想阴了，异性相吸，自然的道理。本身的阴阳怎么配合是你的本事，这是智慧功德，否则你就过不去。那么你说，我绝对守戒律，又有问题来了，因为“孤阳不生，孤阴不长”。那你说八九十岁还去结婚配对吗？不是这个，是你本身的阴阳调配，不晓得调配就没有用，那也是孤阳不生，孤阴不长，这个道理非常难了解！

“一阳初动，是为天根”，道书只讲一阳，后面都没有讲，所以一般人看书时只抓住一阳初动，活子时，接下去子丑寅卯一步一步要跟上来的啊。阳有六个，阴也有六个，阴极了阳生，要第二节再上。拿地支来讲，子丑寅卯辰巳是六节，到午时一阴来了。午时以下六节是下半天，所以阳有六爻，阴有六爻。身体也是这样。就拿背脊骨来说，由下面发动，差不多到了胸这里，你们有些打坐做工夫，慢慢腰酸背痛，那不过是第二阳要动以前，因为你这一部分有病，还没有冲过关，所以有腰酸背痛的现象，不是打坐出了毛病。要到“直至六阳纯乎乾”，阳气充满到顶了，“动极而复静矣”，动极就又静了，阳是动是放射，阴是吸收是归纳。

阴阳多变化

“午时从泥丸退火”，到了静态来又下降了，“应姤卦”，姤卦有一阴，天风姤（䷫），外卦还是乾卦，乾为天；下卦是巽卦，巽为风。上面五爻是阳的，只有下面一爻阴动，这五阳里头一阴多可贵！等于复卦五阴里头一阳。我常常讲你们不懂《易经》，什么叫阴阳？那个复卦是五女一男一起在孤岛上，孤零零的，永远不晓得回不回得去，这一个男人，五个女人都抢，不晓得多宝贵，那是复卦。姤卦恰恰相反，五个男人在孤岛上，只有一个女人，这五男都在追，物以稀为贵。所以学《易经》要懂得“阳卦多阴，阴卦多阳”，这些道理都是哲学，道理很深。从泥丸宫又下降“应姤卦”，这个“姤”字宋朝人改的，原来就是交媾的“媾”，男女之媾。唐朝以前规规矩矩用“媾”字，宋朝这些理学家很讨厌，专门挂假面具，认为这个字不大好看，就把它改成“姤”了。

“一阴初静，是为月窟”，这个“月窟”实际上是倒转来，上面空了，下面充实。天根是下面空了，阳气向上走，两个颠倒。宋朝有一个有名的邵康节，他讲修道的诗：“天根月窟闲来往，三十六宫都是春。”到这个境界时，天根、月窟就是这里所说的，讲天根正是月窟，讲月窟正是天根，说阴的正是阳在里头，讲阳的正是阴的在里头。所以天根从下到上，月窟反而从上到下。“天根月窟闲来往”，上下都打通了，“三十六宫都是春”。

“直至六阴纯乎坤，静极而复动矣”，所以，到了静极纯阴的境界时，静极又阳生了。“故曰，周旋十二节”，“周旋”就是转圆圈，轮回，旋转。“十二节”是十二个节，一年是二十四节气，六阴六阳，一天十二个时辰。“节尽更须亲”，他一节一节完了，一个阶段到一个阶段，修道由一个程序到一个境界，每个境界都不同，所以我讲这是科学的，一步有一步的工夫。“此乾坤大交的法象也”，这是讲乾坤大交的境界。

第五十三讲

顺其自然的锻炼

身心彻底转变

道来时的现象

脱胎换骨之后

顺其自然的锻炼

我们今天继续讲还丹的法象，法象就是说那个情形，当修持用功到达还丹的境界时，是一种什么现象。

“动静相生，循环不息，炼之又炼，日逐抽铅添汞。久之铅尽汞干，阴消阳长，方得变种性为真性，化识神为元神。”上次讲到这个乾坤大交，从顶上下来，并不是说到达这一步是到家了。有些学佛学密宗的，感觉顶上放光，乃至顶门开了，认为这样到家了，那还差得很远！那不过是乾坤交感的开始，还要变化。这个变化用“动静相生，循环不息”八个字形容。有时候身心乃至经脉骨节，每一个细胞都有震动；有时候静下来，感觉身心非常宁静，如此一往一来的循环，并不是伍柳派所讲的从背脊到前面这样转来转去叫循环，那是最粗浅的感受。到乾坤大交时感受到“动静相生”，这个循环是一升一降，有时候是静态，有时候动态。那要经过多少时间呢？不一定了。所以它的原文是“炼之又炼”，是怎么锻炼呢？就是说这个现象要听其自然。

诸位假定将来到达这个境界，记住老子的一句话，“道法自然”，不要做它的主，让它自然。拿佛家在《金刚经》上说的，“凡所有相皆是虚妄”，也就是不执著不要管它。可是怎么样不管它呢？是要看住它不理它；等于皇帝坐在那里不动，满朝的文武百官跪拜举动他都知道而不动。以禅宗讲法，有时候要像主中之主，有些境象是宾中之宾，宾主是有分的。

这些境象还算是外来，不要认为了不起，其中的变化还很多，因此“炼之又炼，日逐抽铅添汞”。汞是水银，流动不拘的，“抽铅”就是把实质的东西空掉。什么是实质？感觉这里有一块，那里有个境界，这些身心上的，要尽量空掉。“添汞”就是流动性，心灵的宁静增一些，这一念知觉的作用，自己做主的，稍微加重些，但仍在静定中。到达这个时候，不要睡眠了，那不是失眠，而是昼夜长明，白天夜里都清醒的，可是没有杂念没有妄想。也不是完全没有睡眠，而是不像普通人固定睡眠多少钟头。也许过了好几天又想睡了，一睡也许睡很久也许睡很短；睡眠时一点梦境都没有，非常宁静地就睡了。

到这个境界还是初步啊！等到“铅尽汞干”，身体内部气机的变化，这些感受没有了，整个身体空灵。“汞干”，妄念杂想也没有了，这个时候“阴消阳长”，身心的阴境界没有了。所谓阴要参考佛学的五阴，上次提到过，就是色受想行识。“色”包括了身体四大，“受想行识”是感觉状态思想等等。这时“阴消阳长”，完全达到禅宗的真正清净无念，不是我们生理上偶然感受的清净无念，真正清净无念是没有身体的感受，也没有心念的感受，整个身心是圆融一体。

身心彻底转变

“方得变种性为真性”，什么是“种性”呢？他引用了佛学的名称，譬如烟灰缸是玻璃做的，有玻璃的性，毛巾是棉纱做的，有棉纱的性。人也是各人个性不同，这个不同的个性叫做种性，是前世带来的种性。明心见性是把种性完全净化了，然后才到达真性的境界。真性就是本来的清净自性，所以说“化识神为元神”。“识神”两个字从佛学变过来的，“元神”是道家名词。佛学的唯识学把心性分成八个识，所谓思想是第六意识，所以你想把后天的思想空了完全清净，做不到，必须要到达“铅尽汞干”这一步，“方得变种性为真性”，经过变化才能把后天的“识神”变成先天的“元神”。

“阴滓尽除，则尸气灭而命根猝断。阳神成象，则凡体死而魂魄俱空。”到这个境界讲得很明白了，这五阴境界“阴滓尽”，成为纯阳的境界。“尸气灭”，肉体上的尸气没有了，我们出的汗和口腔一切的味道，都是尸体的气味。不过现在我们没有死叫做活死人，我们活一百年就是一百年在等死。尸体净化了，身上的所谓寄生的三尸虫也没有了。所以到这个时候，身心的五阴滓子就干净了。后天的命根“猝断”，一下子断了，断了不是没有命了，是后天生死的这个命根断了。

“阳神成象”，成为纯阳之体，这个“阳神”不是道书上画的，出来一个婴儿，那是想象的境界，实际上那还是独影境界。你们看《楞严经》就知道，叫做“法尘分别影事”，是一个意识投影，没有思想。因为人有我相我见，这个我相我见在清净的时候的一种投影，叫做阴神。

那么“阳神”是什么东西呢？是不是身外有身呢？可以

有，但是真正的阳神不一定有身。这一步工夫要到时候才知道，现在只告诉大家一句，不一定有身，也可以有身。道家一句话形容，“散而为炁，聚而成形”。一念要它有身就有身，要它空就空，所以真空妙有，妙有真空，到这个境界才是“阳神成象”。“则凡体死”，于是我们凡夫的这个身心性命死了，“魂魄俱空”，凡夫生命的魂魄都空了，也就是心理精神的灵魂，与肉体四大的精力的魄空了。

“故曰，气索命将绝，体死亡魂魄”，修道到达这个境界时，智慧不够、定力不够、魄力不够的人，就有“气索”之象，好像自己断了气要死了，自己都吓住了。所以如果不是真正有道之士，往往在这里失败了，这个是“气索命将绝”。所以有时候觉得是入定，其实是昏沉；有时觉得空，有时觉得像是死亡，其中的界限，阴阳之差别就在于智能的抉择。“体死亡魂魄”，这个肉体凡躯空掉了，魂魄在交换。

道来时的现象

朱云阳祖师形容，“关尹子所谓一息不存，道将来契，正此时也。”关尹子是老子的第一个徒弟，当时老子骑青牛出函谷关到西域去，就是现在所讲的丝路。他要出关时是偷跑的，也买不起马，骑了一条青牛。关尹子是函谷关的官员，早晨起来向东方看见有紫气东来的瑞相，知道今天定有圣人过关。结果看到一个老头子，眉毛胡子头发都白了，骑的青牛也不肥，也没有出境证，他就把老子扣留了。老子为他写了一部《道德经》。关尹子得了这一部书，也没有辞职就走了，去修道了。在后来关尹子的道书中讲，“一息不存，道将来契"，一呼一吸叫做一息，一息不存，断了气一样！他说这个时候道才来，契就是契合。到了真空的境界，杂念自然也空了，自己的呼吸停掉了，就像死掉一样，这时拿鸡毛或很薄的纸，放在鼻孔下都不会动。朱云阳批注"正此时也"，他说关尹子讲的这两句话，就是描写"道将来契"时候的境界。

这一段是乾坤大交，上面坎离相交讲过了，修道到这个境界还早得很呢！现在的人有一点工夫就不得了啦，好像马上变成圣人了，我讲那是"剩"人，多余的那个剩。我觉得学佛修道先要学做人，以儒家的东西为基础。儒家注重敬，而得少为足，一点工夫一点见解就自满了，这是不敬，对自己不尊重。不敬的人就不会谦虚，敬谦是连着的。

"至于伏炼久久，绝后再苏，心死神活，而鼎中之丹圆满，光明塞乎太虚矣。"这一段学佛的朋友要注意，好像道家与佛家不同，其实是一样的。佛在《楞严经》上有几句话，"脱黏内伏"，脱开了，解脱了，"伏归元真"，归到一切都没有了，静下来了，"发本明耀"，才能够明心见性。有些青年同学喜欢参禅，禅宗不是随便谈的，也是要真工夫的，到达这个时候明心见性，自性的曙光才流露出来，也就是道家这一段。这里所引用的，多半也掺杂了佛家的语句。"伏炼久久"，伏归元真锻炼，所谓锻炼就是修持，再修下去，"绝后再苏"，大死一番，这个阶段人就像死了一样。所以这个时候需要闭关，闭关就是任何外缘都断绝了。"心死神活"，凡夫的妄想心死掉了，一切欲望求名求利的各种心思都没有了，男女饮食这些凡夫俗念，也统统死光了。先天的元神比后天的心神还要灵敏，无所不知无所不晓，这就是“心死神活”的情形。

这个时候，我们这个父母所生的躯体当然没有死，但是每个细胞都变化了，整个脱胎换骨，这时的躯体就叫做鼎。“而鼎中之丹圆满，光明塞乎太虚矣。”所谓精气神都改变了，怎么讲法呢？大概就是这样吧！反正我不是神仙，也不知道，只好根据字面来讲。这个所谓“丹”并不是有形的，说它无形嘛，它有这个作用，硬是像有个东西，看不见摸不着。你说它空啊，它是有！你说它有，它又是空的！这是真实的“丹”的境界。完全圆满了，“光明塞乎太虚矣”，也不是有相的光明，但是也不是无相的光明，所以一讲空啊有啊都不对了，连老子也讲不清楚，佛也讲不清楚，只好说不可说不可说，不可思议。最后也只好如此了。这个时候真空妙有，妙有真空，落到一边都不对；只好说中道，可是你拿到一个中道又错了。

所以他下面说，“岂非色转更为紫，赫然称还丹乎”，这两句是《参同契》的原文，他说这个时候，颜色转变了，并不是真的紫色。我们晓得颜色到了最高是变紫，紫过了就变黑。红橙黄绿蓝靛紫到了最后，又变成黑，黑尽又变白了。所以讲到奇门遁甲，讲到九宫的变化，有一派学阴阳看风水的叫做看紫白，一白二黑三碧四绿等等，紫就是代表最高的阳九之数。“赫然称还丹乎”，“赫然”这两个字形容阳气，古人所谓“至阳赫赫”，赫赫是光明，太强烈了，你看到都要害怕的；“至阴肃肃”是古文形容阴境界，到了真正的阴境界也是非常庄严的气象。所以至阴至阳都是了不起，不过两个感受的境界不同。这个形容词不能乱下的，所以这个时候“赫然还丹”。

下面讲“金丹本乾家所出，还归于乾，故称还丹。色转紫者，取水火二炁，煅炼而成也”。这两句话是解释魏伯阳的原文，道家为什么称为九转还丹？许多元明以后的道家，把九转还丹只抓住一个“九”，打坐从背上通前面，转了九圈了。学《易经》就晓得，“九”是阳数之极，还丹并不一定转九次，阳极是转到了纯阳的境界，回到本位叫还丹。现在他解释什么叫还丹，“金丹本乾家所出，还归于乾，故称还丹”，“乾”字代表宇宙代表性命本体，我们修道练出来的自性光明，这个丹不是你修得来的，而是我们生命本来有的，因为被后天的欲望、烦恼、妄想遮盖，所以要修道，把这些后天污染清除，自性生命的本有就出来了，叫做还丹。

“色转紫者”，是颜色到了最高的变化，“取水火二炁”，水火是代表乾坤，也可以代表有形或无形的，我们讲过很多次了，“二炁”不是空气的气，也不是呼吸气，是生命上两种互相对立的那个能，等于我们身体上有气有血，有红血球也有白血球，一切都是对立的。这是把“水火二炁”“煅炼而成也”。

他又解释“还丹有气无质”，他现在又用这个“气”了。这是后世印书的方便，应该还是用刚才那个“炁”字。这个“气”是后来的人用的，容易看成有形象的气，而“炁”是中国文化原始的火谓之炁，那是一种生命的能，不是这个呼吸的空气的气。所谓还丹这个作用有气而无质，并不是有个东西。“不啻如一丸之粉，一匕之刀圭，而其变化若神”，一匕就是中药店里竹片削成的小片，挑眼药用的。刀圭就是药店里用的刀，把药挑在上面。还丹就像一颗药一样吃下去，整个身心内外变了。“而其变化若神”，这个变化神妙不可测，是不能想象的，必须要修持到了才知道。

脱胎换骨之后

“已如此，从此脱胎换鼎，再造乾坤，子又生孙，神化不测”，他说修道到了这一步境界乾坤大交的时候，整个身心都变化了，不是父母所生的这个身体了，外表还是一样，内部整个都变了。所以“从此脱胎换鼎，再造乾坤”，这个生命已经在自己的手里有把握了，不需要经过死后再投胎了。但是还要练，一次一次还要练，还多呢！到了这一步，我们这个肉体生命可以说升华到了神仙境界了。虽是神仙境界还要锻炼，“子又生孙”，就是一个生一个重重不尽。这不是说神仙又可以结婚生子又生孙，而是自己的生命不要经过两性关系，就可以不断地源源而来生生不已了。

“过此以往，未之或知矣”，所谓神仙修到这里，他告诉我们过了这个境界，下面还有工夫他都不知道了。这是他不愿意说，下面还有事，不是没有事，不过道书最高明的只说到这里。文字的原文意你要弄清楚，不要认为看懂了，他说“过此以往”，是过了境界后面还有；要再向前走，“未之”是还没有到，“或知矣”，不可以推测或者说知道了。说知道那你是假想，不要去假想。“未之”的“之”字就是“到”，古文这个“之”同“到”是通用的，学过《易经》就晓得。《易经》有个名称叫“卦之”，这个卦变成那个卦叫做“卦之”。现在有些年轻人学《易经》，学了以后也著书，里头写了一大堆，“卦之”他也不懂，然后说这个字错了，把它改了，改得一塌糊涂！“卦之”是个名词，譬如由乾卦变成坎卦就是“乾之坎”，之者到也，变到那里去叫“之”。所以古文里头有时候这个“之”字不是虚字。“未之或知矣”是说还没有到，你不要随便去推测，不要去假想，不要乱想。

下面他又回到上面，“岂非粉提以一丸，刀圭最为神乎。刀者水中之金也”，他又把中药用的器具，拿到道家做比喻，刀是什么？水中金，金又生水，水中有金，这是地球上物理的现象。这里讲水中金变化出来，水代表流动性的东西。流动性的这个念头静止了，那个澄清之谓水，金代表了本性，念头澄清了，自己本性杂念不起了。“圭者戊己二土也”，这个“圭”字，就是古人见皇帝的时候拿的朝笏，以前讲过，土做的，后来有玉做的。道家经常用拆字的，圭是两个土，戊己二土的作用。我们现在第六意识的意也是土；达到一念不生，灵明自在无所不知，那个也是土。

“可见彻始彻终，只取金水土，三物变化，而成还丹耳。”他说可见修道的境界从头到尾，只有金水土，就是精气神，也就是神气意。这三种东西自己给自己锻炼过来，变成还丹。

“崔公入药镜云，饮刀圭，窥天巧”，崔公是古代一个神仙，他著有丹经叫做《入药镜》，是道家最有名的一篇文章，是讲如何修长生不老之药。崔公说“饮刀圭，窥天巧”，得到了这个东西，就可以看见天地的奥秘。“吕祖沁园春云”，吕纯阳作的《沁园春》词里说，“当时自饮刀圭，又谁信，无中产就儿”，他说我当时到了这步工夫，这个药自己身上得到的，修成功药吞下去以后，谁能够了解我一个男人，里头又生个孩子出来呢？这就是生命重生的意思。所以道书上画的，打坐肚子里有个儿子，这些都是比喻的话，是说这个生命的重生，是自己有把握的，不必靠转胎过来的意思。

下面还有几句，我们大概念过去，“此章，全露还丹法象”，它完全透露“系伏食卷中，大关键处”，是修道最重要的。“初言两物相交，则伏炁于坤炉而产药。继言一阳初动，则凝神于乾鼎而成丹。前两节，总是金丹作用，后一节，方是还丹作用。”所以，“入药镜云，产在坤，种在乾。悟真篇云，依他坤位生成体，种在乾家交感宫，皆本诸此章”。这个都是说明这个境界的，道家是直接讲修持的工夫境界。

东方出版社南怀瑾作品

论语别裁
话说中庸
孟子与公孙丑
孟子与离娄
孟子与滕文公、告子
孔子和他的弟子们
原本大学微言
孟子旁通
孟子与万章
孟子与尽心篇

维摩诘的花雨满天
《瑜伽师地论·声闻地》讲录
金刚经说什么
药师经的济世观
圆觉经略说
楞严大义今释
楞伽大义今释
禅话
禅海蠡测
静坐修道与长生不老
人生的起点和终站
禅与生命的认知初讲
南怀瑾与彼得·圣吉——关于禅、生命和认知的对话
禅宗与道家
答问青壮年参禅者
定慧初修
如何修证佛法
学佛者的基本信念
中国佛教发展史略述
大圆满禅定休息简说

老子他说(初续合集)

庄子諵譁

列子臆说

我说参同契

道家、密宗与东方神秘学

中国道教发展史略述

易经系传别讲

小言黄帝内经与生命科学

漫谈中国文化——金融　企业　国学

廿一世纪初的前言后语

易经杂说

新旧教育的变与惑

南怀瑾讲演录 2004—2006

历史的经验(增订本)

中国文化泛言(增订本)

Basic Buddhism: *Exploring Buddhism and Zen*(《中国佛教发展史略述》英文版)

Tao and Longevity(《静坐修道与长生不老》英文版)